ABHANDLUNGEN FÜR DIE KUNDE
DES MORGENLANDES

Im Auftrag der Deutschen Morgenländischen Gesellschaft
herausgegeben von Roland Steiner

Band 140

Mitherausgeber:

Christian Bauer (Berlin)
Alberto Cantera (Berlin)
Dragomir Dimitrov (Marburg)
Lutz Edzard (Erlangen/Oslo)
Patrick Franke (Bamberg)
Herrmann Jungraithmayr (Marburg)
Karénina Kollmar-Paulenz (Bern)
Joachim Friedrich Quack (Heidelberg)
Florian C. Reiter (Berlin)
Julian Rentzsch (Mainz)
Elyze Zomer (Tübingen)

2025

Harrassowitz Verlag · Wiesbaden

Matthias Emmert

# Die Schlangensprüche als älteste semitische Textbelege?

## Analyse und kritische Betrachtung von Richard C. Steiners „Early Northwest Semitic Serpent Spells in the Pyramid Texts“

2025

Harrassowitz Verlag · Wiesbaden

Bibliografische Information der Deutschen Nationalbibliothek
Die Deutsche Nationalbibliothek verzeichnet diese Publikation in der Deutschen Nationalbibliografie; detaillierte bibliografische Daten sind im Internet über https://dnb.de abrufbar.

Bibliographic information published by the Deutsche Nationalbibliothek
The Deutsche Nationalbibliothek lists this publication in the Deutsche Nationalbibliografie; detailed bibliographic data are available on the internet at https://dnb.de

Informationen zum Verlagsprogramm finden Sie unter
https://www.harrassowitz-verlag.de


Harrassowitz Verlag, Kreuzberger Ring 7c-d, 65205 Wiesbaden,
produktsicherheit.verlag@harrassowitz.de

Gedruckt auf alterungsbeständigem Papier.
Druck und Verarbeitung: docupoint GmbH
Printed in Germany

ISSN 0567-4980 eISSN 2749-0041
ISBN 978-3-447-12359-4 eISBN 978-3-447-39657-8

# Inhalt

Vorwort ... 1

Allgemeine Hinweise zur Benutzung ... 3

1. Einführung ... 5

    1.1 Gegenstand und Zielsetzung der Studie ... 5

    1.2 Funktion und Datierung der Pyramidentexte sowie der Schlangensprüche im Besonderen ... 7

2. Steiners Interpretation der betreffenden Pyramidentextpassagen ... 15

3. Altägyptische und nordwestsemitische Phonologie ... 29

    3.1 Rekonstruktion(en) der altägyptischen Phonologie ... 29

    3.2 Phonologische Inventare nordwestsemitischer Sprachen des 3. und 2. Jahrtausends v. Chr. ... 36

    3.3 Ägyptisch-semitische Phonemkorrespondenzen in Eigennamen, Fremd- und Lehnwörtern ... 43

        3.3.1 Ägyptisch-semitische Phonemkorrespondenzen in semitischen Eigennamen des Mittleren Reiches ... 44

        3.3.2 Ägyptisch-semitische Phonemkorrespondenzen in semitischen Eigennamen und Lehnwörtern des Neuen Reiches und der Dritten Zwischenzeit ... 46

        3.3.3 Ägyptische Lehnwörter im Althebräischen ... 49

4. Plausibilität der Transkription und Übersetzung Steiners ... 51

    4.1 Phonologische Konkordanz ... 51

        4.1.1 ꜣ → /r/ ... 51

        4.1.2 *j* → /ʾ/, /y/ ... 54

        4.1.3 ꜥ → /ʿ/ ... 57

        4.1.4 *w* → /w/ ... 60

        4.1.5 *b* → /b/ und *p* → /p/ ... 60

        4.1.6 *f* → /p/ ... 61

        4.1.7 *m* → /m/ und *n* → /n/ ... 64

4.1.8 *r* → /r/ ..... 65

4.1.9 *h* → /h/ ..... 71

4.1.10 *ḥ* → /ḥ/ ..... 71

4.1.11 *z* → /s/ und *s* → /ṯ/ ..... 73

4.1.12 *š* → /ṣ/, /ṯ/ ..... 81

4.1.13 *k* → /ḳ/ ..... 86

4.1.14 *t*/*ṯ* → /d/, /t/, /ṭ/ ..... 92

4.1.15 Bilanz des phonologischen Abrisses ..... 97

4.2 Vokalnotation und altägyptische Orthographie ..... 99

4.2.1 Gruppenschreibung des Alten und Mittleren Reiches ..... 99

4.2.2 *Matres lectionis* ..... 101

4.2.3 Vokalnotation in den semitisch gedeuteten Schlangensprüchen ..... 102

4.3 Ägyptologische Perspektive ..... 104

4.3.1 Alternative Übersetzungsvorschläge ..... 104

4.3.2 Kontroverse um Steiners These innerhalb der Ägyptologie ..... 109

5. Schlussbetrachtung ..... 113

6. Zusammenfassung / Abstract ..... 117

7. Literaturverzeichnis ..... 119

7.1 Primärliteratur ..... 119

7.2 Sekundärliteratur ..... 120

8. Anhang: Tabellen ..... 131

Tabelle 1: Vergleich der Rekonstruktionen altägyptischer Phonologie (mit Referenzzeit) ..... 131

Tabelle 2: Phonologische Inventare nordwestsemitischer Sprachen des 3. und 2. Jahrtausends v. Chr. sowie des Protosemitischen ..... 136

Tabelle 3: Phonologische Inventare nordwestsemitischer Sprachen des 3. und 2. Jahrtausends v. Chr. ausgehend von den protosemitischen Phonemreflexen ..... 139

Tabelle 4: Ägyptisch-semitische Korrespondenzen ..... 142

Tabelle 5: Konkordanz ägyptischer Graphoneme und semitischer Phoneme nach Steiner ..... 144

# Vorwort

Als ich vor einigen Jahren zufällig auf die Information stieß, wonach die ältesten semitischen Textfragmente in einer altägyptischen Pyramide zu finden wären, war mein Interesse sofort geweckt. Wie konnte es sein, dass ich noch nie davon gehört hatte, obwohl ich mit meinem Arabistik- und Semitistikstudium bereits weit fortgeschritten war? Ich stellte weitere Recherchen zu diesem Thema an, welche zunächst 2019 in eine Masterarbeit mündeten. Das vorliegende Buch ist eine überarbeitete Version meiner Abschlussarbeit, welche 2021 mit dem Christoph-Schumann-Gedächtnispreis der Friedrich-Alexander-Universität Erlangen-Nürnberg ausgezeichnet wurde. Für das erfolgreiche Gelingen dieses Publikationsvorhabens möchte ich folgenden Personen meinen Dank aussprechen: Herrn Prof. Dr. Lutz Edzard für die Betreuung der Masterarbeit, Herrn Prof. Dr. Roland Steiner für die Aufnahme in die „Abhandlungen für die Kunde des Morgenlandes" und die herausgeberische Beratung, Herrn Prof. Dr. Joachim Quack für die Begutachtung im Rahmen der Schriftenreihe, Herrn Prof. Dr. Jürgen Lang für zusätzliches Korrekturlesen, Herrn Michael Fröhlich vom Verlag Harrassowitz für die Formatierungshilfe und Frau Dr. Juliane Müller für das gründliche Lektorat.

# Allgemeine Hinweise zur Benutzung

Dieses Buch beinhaltet ein fachübergreifendes ägyptologisch-semitistisches Thema. Um beiden philologischen Traditionen gerecht zu werden, werden für die Transkription des Semitischen sowie für die Transkription des Ägyptischen die jeweiligen Transkriptionsstandards verwendet. Im Sinne der Vergleichbarkeit der unterschiedlichen vorliegenden Transkriptionen des Ägyptischen werden diese nach einem einheitlichen Standard dargestellt und einzelne Zeichen ohne weitere Hinweise angepasst. Der in dieser Arbeit verwendete ägyptologische Transliterationsstandard folgt Allen.[1]

Um die zeitliche Einordnung der verwendeten ägyptologischen Termini und Epochen auch der semitistischen Leserschaft bequem zu ermöglichen, werden jeweils Angaben zur Datierung beigegeben.

Gemäß den Gepflogenheiten der Ägyptologie sollen Primärquellen mit bekannten Standardabkürzungen wiedergegeben werden. Die in dieser Studie verwendeten Abkürzungen für Primärquellen sind: PT (Pyramidentexte: Spruchnummer) und Pyr. (Pyramidentexte: Genauer Paragraph innerhalb eines Spruches).

Zur besseren Lesbarkeit wird in diesem Buch das generische Maskulinum verwendet. Die verwendeten Personenbezeichnungen beziehen sich – sofern nicht anders kenntlich gemacht – auf alle Geschlechter.

1 Allen: *Middle Egyptian*.

# 1. Einführung

## 1.1 Gegenstand und Zielsetzung der Studie

Übertragungen aus semitischen Dialekten in Schriften anderer Sprachen sind immer dann von unschätzbarem philologischem Wert, wenn der Ausgangsdialekt keine oder eine nur unzureichende schriftliche Überlieferung erfahren hat. Während die Sprachgeschichte unzählige Beispiele in Form von Lehnwörtern oder Eigennamen kennt, sind indes (phonetische) Transkriptionen ganzer Sätze rar. Man mag hier vor allem an die punischen Passagen in Plautus' *Poenulus* denken, die Sprachwissenschaftlern zum Teil bis heute Rätsel aufgeben.[1] Ähnlich stellt sich die Situation nach einer These Richard Steiners in den Pyramidentexten dar: Demzufolge sind bislang unklare bzw. schwer verständliche Passagen der Schlangensprüche in der Pyramide des Unas (24. Jh. v. Chr.)[2] in Sakkara als hieroglyphische Transkriptionen eines frühen kanaanäischen Dialekts des levantinischen Raumes zu deuten. Steiner ist emeritierter Professor für semitische Sprachen und Literaturen der Yeshiva University (New York City).[3] Er bietet erstmalig eine Interpretation der betreffenden Pyramidenspruchpassagen auf Grundlage einer anderen Sprache als des Ägyptischen. Diese Studie setzt sich intensiv mit Steiners Untersuchung[4] auseinander und unterzieht sie einer kritischen Überprüfung. Abgesehen von einzelnen neueren Referenzen in Fußnoten spiegelt sie den Forschungsstand von 2019 wider.

Zum besseren Verständnis des Textmaterials nähern wir uns im nachfolgenden Kapitel zunächst mit einer ausführlichen Darstellung der Pyramidentexte und insbesondere der Schlangensprüche inhaltlich und formal der Quelle an, bevor wir uns mit den inhaltlichen, phonologischen, und orthographischen

1 S. hierzu Faller: „Punisches im Poenulus".

2 Zum Hintergrund der Quelle s. Kapitel 1.2. Zur Datierung der Regierungszeit des Unas vgl. Schneider: *Lexikon der Pharaonen*, S. 315 und Hornung/Krauss/Warburton: „Chronological table", S. 491. Schneider schätzt die Regierungsdaten auf ca. 2380–2350 v. Chr., nach Hornung/Krauss/Warburton hingegen lag die Regierungszeit entweder im Zeitraum 2346–2331 v. Chr. oder 2321–2306 v. Chr.; in jedem Falle ist vom 24. Jh. v. Chr. auszugehen.

3 Vgl. https://www.yu.edu/faculty/pages/steiner-richard, 24.10.2019.

4 S. Steiner: *Semitic serpent spells*. Die Vorarbeiten hierzu finden sich in Steiner: „Proto-Canaanite spells".

Kriterien auseinandersetzen. Die Einführung zum Quellenmaterial behandelt die Entstehung, den Inhalt und die Funktion der Pyramidentexte im Allgemeinen sowie der Schlangensprüche im Besonderen. Auch wird die Forschungsgeschichte zur Datierungsfrage erörtert, da von der Datierung des ägyptischen umgebenden Quellentextes auch die Datierung des eingebetteten Materials abhängt, das Steiner als semitisch identifiziert; somit hängt hiervon auch die Datierung der Zeitperiode ab, die für den von ihm postulierten nordwestsemitischen Dialekt anzusetzen wäre.

Danach werden Steiners Transkription, Übersetzung und Interpretation der betreffenden Pyramidentexte (PT 235 f., 281 und 286) vorgestellt. Bei den Pyramidensprüchen, die Steiner als semitische Fragmente identifiziert, handelt es sich um PT 235 f. (Pyr. §239a–240), 281 (Pyr. §422a–422c) und 286 (Pyr. §427a). Diese sind in die ansonsten ägyptischsprachigen Passagen PT 232–238 sowie 281–287 kontextuell eingebunden.

Zur Überprüfung der Plausibilität von Transkription und Übersetzung Steiners bietet sich unter den methodischen Zugängen besonders die Phonologie an. Daher befassen wir uns eingehend mit der Rekonstruktion altägyptischer Phonologie und dem Vergleich mit phonologischen Inventaren nordwestsemitischer Sprachen des 3. und 2. Jahrtausends v. Chr. Dies betrifft das Amoritische, das Kanaano-Akkadische, das Ugaritische, das Althebräische sowie das Phönizische. Mangels geographisch bzw. zeitlich näher am Untersuchungsgegenstand liegenden bekannten nordwestsemitischen Sprachen wird die Relevanz dieser frühen nordwestsemitischen phonologischen Inventare für die Fragestellung analysiert. Ein weiterer phonologischer Aspekt betrifft die ägyptisch-semitischen Phonemkorrespondenzen in hieroglyphischen Wiedergaben nordwestsemitischer Eigennamen und Fremdwörter des Mittleren Reiches,[5]

5 Den für diese Studie relevanten Abschnitt der ägyptischen Geschichte des Altertums gliedert man grob in Altes, Mittleres und Neues Reich, unterbrochen von sogenannten „Zwischenzeiten“ relativer politischer Instabilität. Unter dem „Alten Reich“ versteht man die Herrschaft der 3.–8. Dynastie, 2686–2160 v. Chr., vgl. Shaw (Hrsg.): „Chronology“, S. 482 f. Die dem „Mittleren Reich“ zugerechneten Dynastien und deren Datierung differieren in der Sekundärliteratur. Hornung/Krauss/Warburton verstehen darunter die Herrschaft der 11. und 12. Dynastie, 1996/1980–1760 v. Chr. Shaw hingegen rechnet auch die 13. und 14. Dynastie hinzu und datiert das Mittlere Reich auf 2055–1650 v. Chr., vgl. Hornung/Krauss/Warburton: „Chronological table“, S. 491 f. und Shaw (Hrsg.): „Chronology“, S. 483 f. Unter dem „Neuen Reich“ versteht man die Herrschaft der 18.–20. Dynastie, 1550–1069 v. Chr., vgl. ebd., S. 484 f. Die „Dritte Zwischenzeit“ ist die dem Neue Reich nachfolgende Epoche und umfasst die 21.–25. Dynastie. Nach Hornung/Krauss/Warburton: „Chronological table“, S. 493 f., ist sie auf 1076–723 v. Chr. zu datieren, nach Shaw (Hrsg.): „Chronology“, S. 485 f., auf 1069–664 v. Chr.

des Neuen Reiches und der Dritten Zwischenzeit. Die Relevanz späterer Umschreibungen nordwestsemitischer bzw. kanaanäischer Wörter besteht darin, dass zumindest in gewissem Maße Aussagen über die phonetische Evidenz innerhalb des Nordwestsemitischen getroffen werden können. Darüber hinaus lohnt ein kurzer Ausblick auf die ägyptischen Lehnwörter im Althebräischen.

Ein Vergleich der ermittelten nordwestsemitischen phonologischen Inventare mit dem rekonstruierten altägyptischen phonologischen Inventar ermöglicht schließlich eine Konkordanz altägyptischer sowie früher nordwestsemitischer Phonologie ausgehend vom Bezugspunkt der (schriftbasierten) Phoneme des Altägyptischen, die schließlich Steiners Konkordanz prüfend gegenübergestellt wird. Ebenfalls werden seine Phonemkorrespondenzen mit den ägyptisch-semitischen Korrespondenzen des Mittleren und Neuen Reiches verglichen. Zudem erhalten einzelne semitische Phoneme, soweit erforderlich, eine Betrachtung aus diachroner Perspektive.

Ein besonderes Augenmerk verdienen orthographische Aspekte. Steiners Interpretation des Textmaterials setzt eine Umschreibung einzelner (jedoch nicht aller) semitischer Vokale durch (traditionell konsonantisch gedeutete) Zeichen der ägyptischen Schrift voraus. Dies ist insofern bemerkenswert, als bislang nur hypothetisch von einer hieroglyphischen Wiedergabe von Vokalen aus der Zeit des Alten Reichs ausgegangen werden kann: Dies betrifft einerseits die Gruppenschreibung bei Fremdwörtern und andererseits *Matres lectionis* in genuin ägyptischen Wörtern. Daher werden wir die Vokalwiedergabe in den fraglichen Schlangensprüchen aus der Perspektive der Gruppenschreibung und den wenigen ägyptologischen Theorien zur *Matres-lectionis*-Schreibung betrachten.

Da sich dieses Buch gewissermaßen an der Schnittstelle von Semitistik und Ägyptologie befindet, soll auch der ägyptologische Standpunkt nicht unberücksichtigt bleiben. Daher wird die Kontroverse kurz geschildert, die Steiners Publikation innerhalb der Ägyptologie auslöste (vor allem in Form von Rezensionen). Zudem wird ein kurzer Überblick über alternative ägyptologische Übersetzungsvorschläge gegeben. Zunächst wenden wir uns allerdings noch den Pyramidentexten im Allgemeinen zu.

## 1.2 Funktion und Datierung der Pyramidentexte sowie der Schlangensprüche im Besonderen

Die zitierten Passagen sind Inschriften aus der Pyramide des Unas und gehören zu einem größeren Corpus, das man als „Pyramidentexte“ bezeichnet. Hierbei handelt es sich um „religiöse Texte“ an den Wänden der Innenräume von Pyramiden des Alten Reiches, die uns seit der 5. Dynastie überliefert sind und erstmals in der Pyramide des Unas auftraten.[6] Sie fanden auch in späteren Pyramiden des Alten Reiches Verwendung, wobei teils ältere Pyramidentexte wiederaufgegriffen wurden, teils neue hinzutraten.[7] Es handelt sich bei den Pyramidentexten wohl nur um eine selektive Zusammenstellung größerer Textsammlungen aus Tempelbibliotheken, die dort zunächst in Form von Handschriften aufgezeichnet waren.[8] Auf die Zusammensetzung aus unterschiedlichen Quellen verweist auch der teils heterogene Charakter der Sprüche in wechselnder Zusammenstellung.[9] Vor ihrer Verwendung in den Pyramidentexten sollen sie „eine gründliche Redaktion durch die Priesterschaft von Heliopolis erfahren“ haben.[10] In der Unas-Pyramide sind 236 Sprüche belegt, insgesamt sind knapp 1000 Sprüche überliefert.[11] Die Zählung der einzelnen Sprüche beruht auf der Standardedition von Sethe.[12] Die Zählung gibt jedoch nicht die ursprüngliche Reihenfolge wieder.[13] Seit der Ersten Zwischenzeit[14] fanden die Pyramidentexte zunehmend in Privatgräbern Verwendung.[15] Inhaltlich verwandt, teils womöglich derselben Quelle entstammend, jedoch zumeist „neuere Schaffungen“ sind die Sargtexte des Mittleren Reiches.[16]

Der Inhalt der Pyramidentexte lässt sich im Allgemeinen sowohl dem Kontext von Begräbnisritualen als auch Sprüchen unterschiedlichen Zwecks zuordnen.[17] Auf Schott[18] geht die Ansicht zurück, wonach diese beim Begräbnis

6 Vgl. Altenmüller: „Pyramidentexte“, Sp. 14.
7 Vgl. ebd., Sp. 14 f.
8 Vgl. ebd., Sp. 20 und Allen: *Ancient Egyptian Pyramid Texts* (2005), S. 5.
9 Vgl. Bonnet: „Pyramidentexte“, S. 621.
10 Ebd., S. 622.
11 Vgl. Allen: „Pyramid Texts“, S. 95.
12 S. Sethe: *Die altägyptischen Pyramidentexte*. Vgl. hierzu Allen: *Ancient Egyptian Pyramid Texts* (2005), S. 2 f. und Burkard/Thissen: *Altägyptische Literaturgeschichte*, Bd. 1, S. 48 f.
13 Vgl. Allen: *Ancient Egyptian Pyramid Texts* (2005), S. 2. S. auch ebd., S. 13 f.
14 Unter der Ersten Zwischenzeit versteht man den Zeitraum der 9. und 10. Dynastie, 2160–2055 v. Chr., zwischen dem Alten und dem Mittleren Reich, vgl. Shaw (Hrsg.): „Chronology“, S. 483.
15 Vgl. Allen: *Ancient Egyptian Pyramid Texts* (2005), S. 1.
16 Vgl. Allen: „Pyramid Texts“, S. 95. Die Sargtexte sind im Wesentlichen auf das Mittlere Reich zu datieren, s. Willems: *Chests of life*, S. 244–249.
17 Vgl. Allen: „Pyramid Texts“, S. 95.
18 S. Schott: *Pyramidenkult*, S. 136 f. und 223.

von Priestern vorgelesen wurden.[19] Hiervon abzugrenzen ist Spiegels Interpretation der Texte als Beschreibung konkreter Bestattungsrituale.[20] Ob nun rezitiert oder nicht, die Pyramidentexte sollten die jenseitige Existenz der verstorbenen Person sicherstellen[21] bzw. deren Übergang ins Jenseits.[22] Hierzu dienten zum Beispiel Sprüche gegen Hunger oder zum Schutz vor Tieren.[23] Barta sieht hingegen in den Pyramidentexten ausschließlich Verklärungstexte, die es „durch Verklärung und [Grab-]Ausstattung [...] dem Verstorbenen ermöglichen, [...] die Rolle eines Gottes" einzunehmen.[24]

Die Frage nach einer inhaltlichen oder formalen Gliederung der Pyramidentexte ist in der Forschung unterschiedlich beantwortet worden.[25] Allen ordnet sie nach Funktion und Position im Raum folgenden Bereichen zu: „Opfer- und Insignienritual", „Auferstehungsritual" und „Morgenritual".[26] Neben die rituellen Sprüche treten jene zur Unterstützung der nächtlichen Überfahrt zur Wiedergeburt, Schutz vor Schlangen und anderen Tieren und Sprüche an die Gottheit Nut.[27]

Die Datierung der Pyramidentexte wurde forschungsgeschichtlich ebenfalls kontrovers beurteilt,[28] womit die ursprüngliche Entstehung noch vor der Anbringung in der Pyramide des Unas gemeint ist. Sethe betrachtete sie noch mehrheitlich als Überlieferungen aus der „vorgeschichtlichen Zeit",[29] was inzwischen als obsolet angesehen wird.[30] Zur Datierung verweist Altenmüller auf die Heterogenität von Form, Sprache und inhaltlichen Ansichten, die auf ein jeweils unterschiedliches Alter hinweisen.[31] Er folgt in der Einschätzung Schott,[32] der je nach Subgattung die Entstehung in der 2.–5. Dynastie ansetzt.[33]

19 Vgl. hierzu Burkard/Thissen: *Altägyptische Literaturgeschichte*, Bd. 1, S. 53 f.
20 Vgl. Spiegel: „Religionsgeschichtliche Stellung", S. 131.
21 Vgl. Allen: *Ancient Egyptian Pyramid Texts* (2005), S. 7.
22 Vgl. Bonnet: „Pyramidentexte", S. 621.
23 Vgl. ebd., S. 621.
24 Barta: *Die Bedeutung der Pyramidentexte*, S. 150.
25 S. hierzu Burkard/Thissen: *Altägyptische Literaturgeschichte*, Bd. 1, S. 50–52.
26 Vgl. Allen: *Ancient Egyptian Pyramid Texts* (2005), S. 5 f.
27 Vgl. Allen: „Pyramid Texts", S. 96 f.
28 Vgl. Burkard/Thissen: *Altägyptische Literaturgeschichte*, Bd. 1, S. 52.
29 Vgl. ebd., S. 52 und Kahl: *Siut-Theben*, S. 82; S. hierzu zum Beispiel Sethe: *Urgeschichte*, S. 109, 140 und 146.
30 Vgl. Burkard/Thissen: *Altägyptische Literaturgeschichte*, Bd. 1, S. 52.
31 Vgl. Altenmüller: „Pyramidentexte", Sp. 19 f.
32 Vgl. ebd., Sp. 20.
33 Vgl. Schott: *Mythe und Mythenbildung*, S. 20. Nach Shaw (Hrsg.): „Chronology", S. 482 sind die genannten Dynastien wie folgt zu datieren: 2. Dynastie: 2890–2686 v. Chr.; 3. Dynastie: 2686–2613 v. Chr.; 4. Dynastie: 2613–2494 v. Chr.; 5. Dynastie: 2494–2345 v. Chr.

Für eine der ältesten Spruchgruppen hält Altenmüller die Zaubersprüche (einschließlich der Schlangensprüche).[34] Es handelt sich bei den Schlangensprüchen konzeptuell um Magie, wobei Magie im Übrigen in der heutigen Kulturanthropologie nicht mehr als ein von der Religion distinktes System betrachtet wird.[35]

Altenmüller ordnet die Zaubersprüche teils der 1. Dynastie (ca. 3000–2890 v. Chr.) zu,[36] da sie „eine sehr altertümliche Sprache aufweisen".[37] Wegen der sprachlichen Merkmale vertritt er auch die Ansicht, dass sie „eine lange mündliche Tradition hinter sich haben",[38] dies ist jedoch nicht zwingend der Fall. Allen setzt aufgrund der grammatischen Befunde für die Mehrzahl der Pyramidentexte als *terminus ante quem* maximal die Mitte der 5. Dynastie (ca. 2400 v. Chr.) an[39] und aufgrund der Verknüpfung der Pyramidentexte mit speziellen Elementen der Pyramidenarchitektur als *terminus post quem* Menkaures[40] Regierungszeit,[41] was einer Entstehung etwa im Zeitraum 2500–2400 v. Chr. entspricht. Inhaltlich scheinen die Pyramidentexte auch teils deutlich ältere Glaubensvorstellungen zu reflektieren.[42] Zu den Zaubersprüchen äußert er sich hingegen nicht im Speziellen, was deren Datierung auch nach Allen offen lässt. Wegen der Schwierigkeit der Datierung schlägt Kahl wiederum vor, die genaue Datierung „in jedem Einzelfall" neu zu bewerten,[43] was ohnehin sämtliche Datierungsversuche relativieren dürfte und auf die Schlangensprüche bezogen bislang ohne klares Ergebnis blieb. Schotts Frühdatierung der Zaubertexte analog zu den Dramatischen Texten aufgrund sprachlicher Kriterien[44] wird durch Leitz wegen des möglichen Gebrauchs „bewusster Archaismen"

---

34 Vgl. hierzu Altenmüller: „Pyramidentexte", Sp. 20.

35 Vgl. Stevens Jr.: „Magic", S. 723. S. auch Otto/Stausberg: „General introduction", S. 5 f.

36 Nach Shaw (Hrsg.): „Chronology", S. 481 ist die 1. Dynastie auf ca. 3000–2890 v. Chr. zu datieren.

37 Vgl. Altenmüller: „Pyramidentexte", Sp. 20.

38 Vgl. ebd., Sp. 20.

39 Zur Datierung der 5. Dynastie s. Hornung/Krauss/Warburton: „Chronological table", S. 491, Schneider: *Lexikon der Pharaonen*, S. 315 und Shaw (Hrsg.): „Chronology", S. 482.

40 Die Regierungsdaten des Menkaure betragen nach Hornung/Krauss/Warburton: „Chronological table", S. 491, entweder 2472–2467 oder 2447–2442 v. Chr.; ca. 2530–2510 v. Chr. nach Schneider: *Lexikon der Pharaonen*, S. 315; 2532–2503 v. Chr. nach Shaw (Hrsg.): „Chronology", S. 482.

41 Vgl. Allen: „Pyramid Texts", S. 97 und Allen: *Ancient Egyptian Pyramid Texts* (2005), S. 4.

42 S. Allen: „Pyramid Texts", S. 97.

43 Vgl. Kahl: *Siut-Theben*, S. 82.

44 S. Schott: *Mythe und Mythenbildung*, S. 84.

verworfen;[45] er hält stattdessen eine Entstehung in der Zeit des Unas für möglich.[46] Tatsächlich scheint die neuere Forschung (vertreten durch Allen und Leitz) sich gegenüber der älteren (vertreten durch Sethe und Schott sowie Altenmüller in der Tradition von Schott) vermehrt gegen eine übermäßig frühe Datierung der Pyramidentexte bzw. der Zaubersprüche zu verwahren. Wir schließen uns in dieser Arbeit Allen und Leitz an und nehmen für die Schlangensprüche eine Entstehungszeit von ca. 2500–2400 v. Chr. entsprechend der maßgeblichen Datierung der meisten Pyramidentexte durch Allen als Arbeitshypothese an. Diese Datierung wäre dann auf den von Steiner angenommenen semitischen Dialekt zu übertragen. Zwar ist es auch möglich, dass die von Steiner untersuchten fraglichen Schlangensprüche in Material anderer Herkunft eingebettet wurden, so dass eine jeweils unterschiedliche Datierung dieser Schlangensprüche gegenüber den restlichen Zaubertexten postuliert werden könnte; das einzige Kriterium stellt jedoch bislang die Datierung der umgebenden Sprüche bzw. der Pyramidentexte im Allgemeinen dar, da ansonsten nach gegenwärtigem Stand überhaupt keine zeitliche Einordnung möglich wäre.

Auch Steiner beschäftigt sich mit der Datierung der Pyramidentexte.[47] Die von ihm zitierte Sekundärliteratur erweckt den Eindruck, dass er gemäß der Quintessenz des forschungsgeschichtlichen Abrisses den „meisten Wissenschaftlern" folgt, die „im Zeitraum von Jahrhunderten" (Übersetzung des Verfassers) vor dem ersten Auftreten der Pyramidentexte sprechen.[48] Steiner bezieht sich auch auf Strudwick,[49] der eine mündliche Tradierung der Pyramidentexte vor ihrer schriftlichen Fixierung für „plausibel" hält.[50] Bezogen auf die Schlangensprüche muss man jedoch anmerken, dass bei Annahme einer längeren mündlichen Tradition über Jahrzehnte oder gar Jahrhunderte bei fremdsprachigem Inhalt ohne detaillierte Kenntnisse der Ausgangssprache derart starke lautliche Veränderungen zu erwarten sind, dass sich wohl keine konkrete Sprache mehr erkennen ließe. Das heißt nicht, dass es nicht grundsätzlich möglich wäre; es bedeutet nur, dass diese Hypothese unvereinbar mit einer Identifizierung einer semitischen Sprache und gar einer konkreten Übersetzung wäre, wie bei Steiner dargeboten. Vor diesem Hintergrund erscheint es sonderbar, dass Steiner zwar einen passablen Querschnitt durch die Sekundär-

45 Vgl. Leitz: „Schlangensprüche", S. 383, Anm. 19.
46 Vgl. ebd., S. 385.
47 Vgl. Steiner: *Semitic serpent spells*, S. 1–3.
48 Vgl. ebd., S. 1.
49 Vgl. ebd., S. 1.
50 Vgl. Strudwick: *Texts from the pyramid age*, S. 1.

literatur in der Frage der Datierung liefert, sich jedoch damit nicht kritisch auseinandersetzt (auch nicht mit dem Problem einer mündlichen Tradition fremdsprachigen Inhalts) und die groben Forschungstendenzen unkommentiert aneinanderreiht. Letztlich entscheidet sich Steiner für die vage Interpretation, dass die Pyramidentexte „über hundert Jahre vor der Thronbesteigung des Unas“ (Übersetzung des Verfassers) entstanden seien.[51]

Die Frage der Datierung ist auch deswegen bedeutsam, weil bei Verifizierung von Steiners Ergebnissen die Kulturgeschichte der semitischen Sprachen umgeschrieben werden müsste. Als die älteste belegte semitische Sprache gilt bislang das Akkadische, dessen eigensprachliche Überlieferungsgeschichte in Form zusammenhängender Texte ca. 2400 v. Chr. einsetzt.[52] Demgegenüber glaubt Steiner, dass das von ihm untersuchte Material den ersten vollständigen akkadischen Textbelegen vorausgeht.[53] Seinen Vorschlägen folgend würden sich auch bei der Datierung der Schlangensprüche auf die Bauzeit der Pyramide des Unas als *terminus ante quem* hierin tatsächlich die ältesten semitischen Textfragmente identifizieren lassen.

Zu den Schlangensprüchen[54] zählen PT „226–243, 276–299 und 375–399. Hinzu kommen noch die isolierten Sprüche 314, 499–500, 502, 538 und 549–551 sowie […] 727–733“.[55] Hiervon befinden sich in der Unas-Pyramide PT 226–243, 276–299 und 314.[56] Diese haben ihren Platz am Westgiebel der Sargkammer sowie an der östlichen Vorkammerwand.[57] Spiegel sieht in ihnen Zeugen eines „stummen Rituals“ ohne Rezitation.[58] Sie dienen nach Spiegel dazu, den Toten vor „wirklichen Schlangen“ zu schützen.[59] Nach Leitz’ Interpretation der Schlangensprüche trifft der wiedergeborene König auf giftige Schlangen und beredet sie zur Umkehr.[60] Meurer hingegen zeigt auf, dass ein breiteres Spektrum an Verteidigungsstrategien zum Tragen kommt: Bewegungslosigkeit, Fallen, Untätigkeit oder Tötung der Schlange sowie Drohungen oder Aufforderungen zum Rückzug.[61] Als fraglich kann man Leitz’ Deutung sehen, wonach die Schlangen „nur zum Rückzug aufgefordert“ werden und mit der

51 Vgl. Steiner: *Semitic serpent spells*, S. 82.
52 Vgl. Lipiński: *Semitic linguistics*, S. 8.
53 Vgl. Steiner: *Semitic serpent spells*, S. 1. Vgl. hierzu auch ebd., S. 80.
54 Zu den Schlangensprüchen s. insbesondere Leitz: „Schlangensprüche“ und Baqué Manzano: *Fills de Djaamu*.
55 Leitz: „Schlangensprüche“, S. 382, Anm. 12.
56 Vgl. ebd., S. 384, Anm. 24.
57 Vgl. ebd., S. 389.
58 Vgl. Spiegel: *Auferstehungsritual*, S. 28.
59 Vgl. ebd., S. 69.
60 Vgl. Leitz: „Schlangensprüche“, S. 385.
61 Vgl. Meurer: *Die Feinde des Königs*, S. 280–289.

Erwähnung ihrer Tötung lediglich die Tötung angedroht wird, damit sie selbst zu Wächtern der Pyramide werden.[62] Auch Steiner nimmt für die Schlangensprüche eine Schutzfunktion für die Mumie des Unas an.[63] Zur weiteren kulturgeschichtlichen Bedeutung von Schlangen im Alten Ägypten sei verwiesen auf Leitz und Brix.[64]

62 Vgl. Leitz: „Schlangensprüche“, S. 390.
63 Vgl. Steiner: *Semitic serpent spells*, S. 4.
64 S. Leitz: „Schlangensprüche“, S. 381–383 und Brix: *Étude de la faune ophidienne*.

# 2. Steiners Interpretation der betreffenden Pyramidentextpassagen

Nachdem wir uns mit dem Quellenmaterial vertraut gemacht haben, wird nachfolgend zunächst noch Steiners Interpretation der vollständigen, zusammenhängenden Passagen der betreffenden Schlangensprüche vorgestellt, einschließlich dem umgebenden ägyptischsprachigen Material. Der Transkriptionsstandard des Semitischen und des Ägyptischen ist hier unverändert von Steiner übernommen, die Transkription des Ägyptischen weicht leicht von dem in dieser Arbeit verwendeten Standard ab.[1] Die Hervorhebungen des semitischen Textteils im Fettdruck sind so entnommen aus der Publikation Steiners, hinzugefügt ist vom Verfasser der vorliegenden Arbeit jeweils eine Interlinearglossierung nach den „Leipzig Glossing Rules“[2] zum besseren Verständnis. Die Interlinearglossierung für das Semitische ist angelehnt an Vicente/Malibert/Barontini,[3] für das Ägyptische wird ein angepasster Standard der Ägyptologie verwendet.[4] Steiner bietet nicht den hieroglyphischen Primärtext,[5] sondern verweist auf die einfache Bezugsmöglichkeit über das Internet. Der hieroglyphische Urtext nach der Standardedition von Sethe[6] ist der folgenden Transkription und Übersetzung beigegeben:

1 Der in dieser Arbeit verwendete ägyptologische Transliterationsstandard folgt Allen: *Middle Egyptian*. Steiner weicht hiervon nur in der Transkription mit *i͗* anstatt *j* ab.

2 S. Comrie/Haspelmath/Bickel: *The Leipzig Glossing Rules*.

3 S. Vicente/Malibert/Barontini: „Glossing in Semitic languages“.

4 S. „Ancient Egyptian. Glossing of common Earlier Egyptian forms“. Dieser Standard beruht auf den Vorschlägen von Di Biase-Dyson/Kammerzell/Werning: „Glossing Ancient Egyptian“ nach dem Stand von 2019.

5 Vgl. Steiner: *Semitic serpent spells*, S. 25.

6 S. Sethe: *Die altägyptischen Pyramidentexte*.

**„PT 232**

§236a [  ]

| | | | |
|---|---|---|---|
| *m* | *mtỉ* | *m* | *mtỉ* |
| [come\IMP | poison(M)[SG] | come\IMP | poison(M)[SG]] |
| *mỉ* | *mtỉ* | *mỉ* | *mtỉ* |
| [look\IMP | poison(M)[SG] | look\IMP | poison(M)[SG]] |

Come, poison! Come, poison! Look, poison! Look, poison!

§236b [  ]

| | | |
|---|---|---|
| *ꜣꜣꜣ* | *mw*[:]*t*[-]*f* | *zp*[…]2 |
| [*Rīr-Rīr* | mother:F[SG]-3SG.M | times 2] |

| | | | |
|---|---|---|---|
| *mỉ* | *mtỉ* | *mỉ* | *mtỉ* |
| [come\IMP | poison(M)[SG] | come\IMP | poison(M)[SG]] |

You whose mother is *Rīr-Rīr*! You whose mother is *Rīr-Rīr*! Look, poison! Look, poison!

§236c [  ]

| | | |
|---|---|---|
| *ỉꜥ*[-]*tỉ* | *ẖꜣs*[:]*t* | *n*[-](*ỉ*) |
| [wash\RES-2SG | foreign_land:F[SG] | BEN-1SG] |

| | |
|---|---|
| *m* | *ẖm*[:]w |
| [PROH | ignore\ADVZ] |

Be washed away for me [sic],[7] O (poison of a) foreign land! Don't ignore me! […]

**PT 233**

§237a [ 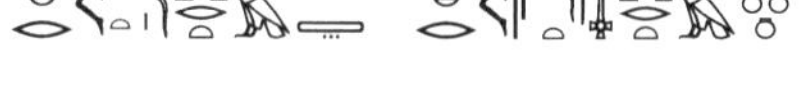 ]

| | | |
|---|---|---|
| *ẖr* | *ḏ*[:]*t* | *pr*[-]*t* |
| [fall\IMP | serpent:F[SG] | come_forth\RES-3SG.F] |
| *m*[=] | *tꜣ* | *ẖr* |
| [ABL= | earth(M)[SG | fall\IMP] |

7 Auffällig ist hier die von Steiner vorausgesetzte irreguläre Wortstellung.

*sḏ*[:]*t* *pr*[-]*t* *m*[=] *nwn*
[flame:F[SG] come_forth\RES-3SG.F ABL= Abyss(M)[SG]]

Fall, O serpent which came forth from the earth! Fall, O flame which came forth from the Abyss!

§237b [  ]

*ꞽ*[:]*ẖr* *zbn*
[fall\IMP crawl_away\IMP]

Fall down, crawl away!

**PT 234**

§238a [  ]

*ḥr* *ḥr*[-]*k* *ḥr*[-]*y*
[face(M)[SG] SUPR-2SG.M on-ADJZ[M.SG]]

*rꞽ*[:]*t*[-]*f*
[belly:F[SG]-3SG.M]

A face is open you, O you who are on your belly.

*hȝ* *ḥr*[=] *ṯs*[-]*k*
[get_down\IMP SUPR= backbone-2SG.M]

*ꞽm*[-]*y*[…] *nȝwt*[-]*f*
[in-ADJZ[M.SG] naut_bush-3SG.M]

Get down on your backbone, O you who are in your *naut*-bush.

§238b [  ]

*ḥm* *n*[=] *ḥkn*[:]*t*
[retreat\IMP before= she_that_jubilates:F[SG]

*m*[=] *ḥr*[-]*wy*[-]*s* *sn*[-]*w*
[with= face(M)-DU-3SG.F two(M)-DU]

Retreat before her that jubilates with both of her faces. […]

**PT 235**

§239a [  ]

*k w ꜣ ꜣ ꜣ ỉ m ỉm ḥ w ỉ m ỉm ḥ w*

***ḳaww*[-]*u*** ***rīr*[…] *rīr*,** ***ʾimm*[-]*u*[…]**
[utterance-CS Spittle-Spittle Mother-CS]

***ḥiww*[-]*i*** ***ʾimm*[-]*u*[…]** ***ḥiww*[-]*i*:**
[Snake-GEN Mother-CS Snake-GEN]

**Utterance of *Rīr-Rīr*, Mother-Snake-Mother-Snake:**

§239b [  ]

*ỉw* *nk*[:]*n*[-]*k* *ỉr*[-]*tỉ*
[GRND copulate\ANT-2SG.M as_for-ADJZ:F.DU]

*r*(*w*)[:]*t* *ꜥꜣ*
[door:F[SG] threshold(M)[SG]]

You have copulated with the two female guardians of the threshold of the door.

[  ]

*n t ỉ t tỉ ỉ ỉ ỉ ꜣ ỉ*

***niṭē*,** ***yā*[…]** ***dōd*[=]*ī*,**
[turn_aside\IMP[2SG.M] VOC beloved=POSS.1SG]

***yā*[…]** ***ʾary*[-]*u*!**
[VOC lion-CS]

**Turn aside, O my beloved, O lion! […]**

**PT 236**

§240 [  ]

*k b b h ỉ tỉ ỉ tỉ ỉ b ỉ tỉ ỉ*

***ḳabōb*[-]*u*[=]*hu*:** ***ʾitē*,**
[spell-CS=POSS.3SG come\IMP[2SG.M]]

| | |
|---|---|
| ***ʾitē*** | ***bayt*[=]*ī.*** |
| [come\IMP[2SG.M] | house=POSS.1SG] |

**His spell: ‘Come, come to my house.’**

[  ]

| | | |
|---|---|---|
| *šs* | *sꜣ=* | *ḥꜣfg*[:]*t* |
| [cord(M)[SG] | son(M)[SG]:STC= | Mother’s_Milk:F[SG]] |

| | |
|---|---|
| *rn*[-]*k* | *=pw* |
| [name-2SG.M | =DEM.C] |

‘Cord’ (=Snake) son of ‘Mother’s Milk’ is this name of yours. […]

**PT 237**

§241a [  ]

| | |
|---|---|
| *tf* | *i*[:]*tm* |
| [spittle(M)[SG] | come_to_naught\RES[3SG.M]] |

| | | |
|---|---|---|
| *im* | *ibw* | *zkr* |
| [in-ADJZ[M.SG] | dust | to_speed\RES[3SG.M]] |

| | | | |
|---|---|---|---|
| *ir*[=] | *pr* | *n* | *mw*[:]*t*[-]*f* |
| [ALL= | house(M)[SG] | of[M.SG] | mother:F[SG]-3SG.M] |

The spittle has come to naught; that which is in the dust(?) [sic] has sped to the house of its mother.

§241b [  ]

| | |
|---|---|
| *hiw* | *sḏr* |
| [monster(M)[SG] | lie_down\IMP] |

Monster, lie down. […]

**PT 238**

§242a [  ]

*t* *n* *it*[-]*k*
[bread(M)[SG] of[M.SG] father(M)[SG]-2SG.M]

*n*[-]*k* *iki*[…] *nh*[.]*y*
[BEN-2SG.M attack(M)[SG] fail\RES:3SG.M]

The bread of your father is for you, you whose attack has failed!

§242b [  ]

*t*[-]*k* *nt*[:]*k* *n* *it*[-]*k*
[bread(M)[SG]-2SG.M 2SG.M of[M.SG] father(M)[SG]-2SG.M]

n[-]k *ik*[…] *nh*[.]*y*
[BEN-2SG.M] [attack(M)[SG] fail\RES:3SG.M]

Your own bread of your father is for you, you whose attack has failed!

§242c [  ]

*nbw*[=] *ḥiknw* *Ḫꜥ*[-]*y*[…]
[Gold(M)[SG]:STC= Jubilation(M)[SG] Appear-ADJZ[M.SG]]

*tꜣw* *kꜣ*[-]*k* =*pw*
[Flame(M)[SG] bull(M)[SG]-2SG.M =DEM.C]

*nn* *wꜣš* *ir*[~]*r*[-]*w*
[DEM.PROX:C esteemed[M.SG] do~PTCP:DISTR:PASS-M[SG]]

*n*<*n*> *r*[-]*f*[8] [sic]
[DEM.PROX:C do\INF-3SG.M]

The Gold of Jubilation, The One that Appears in Flame (*Ḫꜥy-tꜣw*)—that is your bull, the esteemed one against whom this (= your attack) is done. […]

---

8 Die Transliteration von eigentlich *jr-f* wird von Steiner aufgrund eines Vorschlages von Ritner zu *r-f* abgeändert, um diese Stelle an §423c anzugleichen, wo *r-f* steht, s. Steiner: *Semitic serpent spells*, S. 37, Fußnote 70. Zur Deutung von (*j*)*r-f* s. Sethe: *Übersetzung und Kommentar*, Bd. 1, S. 218.

**PT 281**

§422a [  ]

*ỉ z z h k w k b b h ꜣ ꜣ ꜣ b ỉ*

***ʾasōs*[-]*u*[=]*hu*** ***ḳaww*[-]*u***
[whispering-CS=POSS.3SG uttering-CS]

***ḳabōb*[-]*i*[=]*hu*:** ***Rīr*[…] *Rīr*** ***bi*[=]*ya*.**
[spell-GEN=POSS.3SG Spittle-Spittle in=OBL.1SG]

**His whispering, the uttering of his spell: ‘*Rīr-Rīr* are in me.**

§422b [  ]

*rw n p h tỉ ỉ rw n p ṯ tỉ ỉ p h tỉ ỉ p ṯ tỉ ỉ*

***riʾū-naʾ*** ***pahōt*[=]*ī*,** ***riʾū-naʾ***
[see\IMP[PL] mouth\PL.F=POSS.1SG see\IMP[PL]]

***put*[=]*ī*/** ***putōt*[=]*ī*—**
[pudendum=POSS.1SG pudendum\PL.F=POSS.1SG]

***pahōt*[=]*ī*,** ***put*[=]*ī*/**
[mouth\PL.F=POSS.1SG pudendum=POSS.1SG]

***putōt*[=]*ī***
[pudendum\PL.F=POSS.1SG]

**See my mouths, see my pudendum/pudenda—my mouths, my pudendum/pudenda.**

§422c [  ]

*m mỉ n ỉ(w)nw ꜣ ꜣ ꜣ ṯ w b s ỉ(w)f w ỉ(w)nw hnw*

***miya*[=]*ni*** ***ʾanō/ū*?** ***Rīr*[…]*Rīr*,** ***ṭu/iwb*[-]*u***
[who=OBL.1SG 1SG Spittle-Spittle perfume-CS]

***ṯ̣ūʾ*[-]*u*** ***ʾappi*—** ***wa*** ***ʾanō/ū*** ***hinnō*.**
[fragrance-CS nose-GEN and 1SG/1PL 3PL.F]

**Who am/are I/we? *Rīr-Rīr*, fragrant perfume of the nose, am/are I/we (lit., I/we am/are they).’**

§422d 

| | | | |
|---|---|---|---|
| *nʿy* | *nʿy* | *nʿy* | *nʿy* |
| [go\IMP | go\IMP | Nʿy_snake(M)[SG] | Nʿy_snake(M)[SG]] |

Go! Go! *Nʿy*-snake! *Nʿy*-snake! […]

**PT 282**

§423a [  ]

| | | |
|---|---|---|
| *ỉ* | *ẖꜣz*[:]*t* | *tn* |
| [EXLM | foreign_land:F[SG] | DEM.PROX:F.SG] |

| | |
|---|---|
| *rꜣ*[=] | *ꜣ*[-]*ỉ* |
| [mouth(M)[SG]:STC= | vulture(M)[SG]-1SG] |

| | |
|---|---|
| *ỉk*[:]*t*[-]*k* | =*pỉ* |
| [attack:F[SG]-2SG.M | =DEM.C] |

O (snake of) this foreign land, (like) the mouth of a vulture against me! This (= the following) is (the true nature of) your attack.

§423b [  ]

| | |
|---|---|
| *ẖꜣz*[:]*t* | *tn* |
| [foreign land:F[SG] | DEM.PROX:F.SG=] |

| | | |
|---|---|---|
| *rꜣ*[=] | *ꜣ*[-]*ỉ* | *n*[-]*ỉ* |
| [mouth(M)[SG]:STC= | vulture(M)[SG]-1SG | for-ADJZ[M.SG]] |

| | |
|---|---|
| *nbw* | *ḥknw* |
| [Gold(M)[SG]:STC= | Jubilation(M)[SG]] |

O (snake of) this foreign land, (like) the mouth of a vulture against me, (you who are) subject to The Gold of Jubilation,

§423c [ 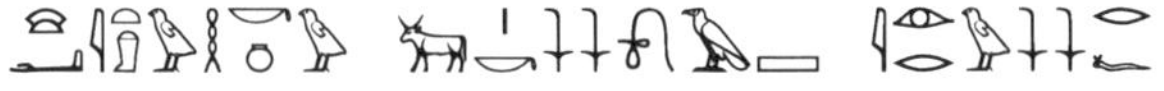 ]

| | | |
|---|---|---|
| *Ḫʿ*[-]*ỉ*[…] | *tꜣw* | *ḥknw* |
| [Appear-ADJZ[M.SG] | Flame(M)[SG] | Jubilation(M)[SG]] |
| *kꜣ*[-]*k* | *nn* | *wꜣš* |
| [bull(M)[SG]-2SG.M | DEM.PROX:C | esteemed[M.SG]] |

| | | |
|---|---|---|
| *ỉr*[~]*r*[-]*w* | *nn* | *r*[-]*f* |
| [do~PTCP:DISTR:PASS-M[SG] | DEM.PROX:C | do\INF-3SG.M] |

The One that Appears in Flame (*Ḫʿy-tꜣw*) and Jubilation! That is your bull, the esteemed one against whom this (= your attack) is done. […]

**PT 286**

§427a [  ]

*ʿ b š w m ꜣ ꜣ ꜣ š w ṯ m ṯ ỉ ṯ h nw w*

| | | | |
|---|---|---|---|
| ***ʿubuṣ̌ū*** | ***mi(n>r)*[=]** | ***Rīr*[…]*Rīr*,** | ***ṯ(aw)ō*** |
| [Hurry\IMP[PL] | from= | Spittle-Spittle | DEM.REL\DU.F] |

| | |
|---|---|
| ***ta/i*[-]*mītu*** | ***yad*[-]*u*[=]*hinnō*/*id*[-]*u*[=]*hinnō*** |
| [3SG.F-die\CAUS\IPFV | hand[F]-CS=POSS.3PL.F] |

**Hurry (pl.!) away from Rīr-Rīr, [sic] (the ones) whose hand deals death.**

§427b [  ]

| | | |
|---|---|---|
| *kbn*[-*ỉ*-]*w* | *zbn*[-]*w* | *ḥz*[-](*t*) |
| [Byblos-ADJZ-M.PL | crawl\RES-3PL.M | praise\PTCP.PASS-F] |

| | |
|---|---|
| *n*[-]*t* | *n*[:]*wt* |
| [of-F | crown:F:PL] |

The Byblites have crawled off. O praised one (fem.!) of the Red Crowns,

§427c [  ]

| | | | |
|---|---|---|---|
| *ꜣꜣꜣ*[=] | *šy* | *ꜣꜣꜣ*[=] | *šy* |
| [*Rīr-Rīr*:STC= | sea(M)[SG] | *Rīr-Rīr*:STC= | sea(M)[SG]] |

| | | |
|---|---|---|
| *nṯzỉ*[-](*t*) | *n*[-]*t* | *n*[:]*wt* |
| [exalt\PTCP.PASS-F:STC= | of-F | crown:F:PL] |

Rīr-Rīr of the sea, Rīr-Rīr of the sea, exalted one (fem.) of the Red Crowns,

§427d [  ]

*i͗ꜣ*[-]*ṯ* *rn.i͗*
[praise\SBJV-2SG.F name(M)[SG]-1SG]

may you (fem.) praise my name!

**PT 287**

§428a [  ]

*nn*(*i͗*) [*ni͗*] *mw*[:]*t*[-]*f*
[flee\PTCP.ACT[M.SG] of[M.SG] mother:F[SG]-3SG.M]

*nn*(*i͗*) [*ni͗*] *mw*[:]*t*[-]*f*
[flee\PTCP.ACT[M.SG] of[M.SG] mother:F[SG]-3SG.M]

O fugitive of his mother! O fugitive of his mother!

§428b [  ]

*i͗w*[-]*k* *rr* *m*[=] *nn*(*i͗*)
[GRND-2SG.M really as= flee\PTCP.ACT[M.SG]]

*i͗w[-]k* *rr* *m*[=] *nn(i͗)*
[GRND-2SG.M really as= flee\PTCP.ACT[M.SG]]

*mꜣ* *ṯfi͗*
[lion(M)[SG] be_off\IMP]

You are really a fugitive. You are really a fugitive. O lion, be off.“[9]

Gemäß Steiners Übersetzung und Erklärungen lässt sich die Episode wie folgt deuten:[10] Das Setting ist bestimmt durch zwei Schlangen, die nicht als physische Tiere, sondern als Wesen einer übersinnlichen Welt zu verstehen sind: eine Mutterschlange, die den Pharao schützt, und eine Giftschlange, die den Pharao bedroht. Beide stammen aus dem levantinischen Raum (speziell: Byblos) und sind daher nicht nur des Ägyptischen, sondern auch des Semitischen in einer kanaanäischen Varietät mächtig. Zunächst spricht die Mutterschlange den Angreifer auf Ägyptisch an, macht auf sich aufmerksam und weist sich als dessen Mutter aus (PT 232, §236 a–b). Darüber hinaus wird dessen Abstam-

9 Steiner: *Semitic serpent spells*, S. 23–58.
10 Vgl. ebd., S. 23–58.

mung einem „Fremdland“ zugeschrieben (PT 232, §236c). Sie fordert ihn eindringlich auf, den Ort zu verlassen (PT 232, §236c sowie PT 233 f.). Dabei erfahren wir noch, dass sie zwei Köpfe hat (PT 234, §238b). Nachdem die Ermahnung offensichtlich nicht erfolgreich war, beginnt sie, eine List anzuwenden, indem sie den Angreifer verführt. Die angreifende Schlange wird schließlich in semitischer Sprache angesprochen: „Das sind die Worte von *Rīr-Rīr*, (der) Mutterschlange“ (Übersetzung des Verfassers) (PT 235, §239a). *Rīr* bedeutet Speichel (so belegt im Hebräischen und Aramäischen), soll sich Steiner zufolge auf das Gift der Schlange beziehen und als *Rīr-Rīr* den Eigennamen der Mutterschlange bilden.[11] Danach wendet sich *Rīr-Rīr* im nächsten Satz wieder auf Ägyptisch an den Eindringling, wobei man erfährt, dass die Kopulation der beiden vollzogen wurde (PT 235, §239b). Der Eindringling wird nun mit freundlicheren Worten überredet, sich abzuwenden (PT 235, §239c). Wiederum auf Semitisch fordert sie den Angreifer jedoch noch auf, in ihr Haus zu kommen (PT 236, §240); danach bezeichnet sie mit einem erneuten Wechsel ins Ägyptische den Angreifer als „Strick“ (nach Steiner vermutlich eine Assoziation zur Schlangenform) und nennt ihn „Sohn der Milch deiner Mutter“ (Übersetzung des Verfassers) (PT 236, §240). Sodann äußert sie (weiterhin in ägyptischer Sprache), dass sein Angriff fehlgeschlagen ist (PT 237). Im Haus der Mutter ist allerdings für den Eindringling nichts zu essen, außer, so mutmaßt Steiner, Dreck (PT 238, §242a f.): Dieser wird als Brot seines Vaters umschrieben, der Steiner zufolge den ägyptischen Erdgott Geb (als Vater aller Schlangen) darstellen könnte.[12] Es wird anschließend eine Verbindung zur Sonne („Gold des Lobpreises“, Übersetzung des Verfassers) sowie zur byblitischen Gottheit *Ḫ'y-tꜣw* hergestellt, die das wahre Ziel der Attacke seien (PT 238, §242c).[13] Damit schließt das erste Teilstück der Episode, die nächste Passage befindet sich an anderer Stelle, so dass beide Teile nur intellektuell zusammengeführt werden können. Im zweiten Teilstück folgt die längste semitische zusammenhängende Passage (PT 281). In dieser identifiziert sich der Pharao mit *Rīr-Rīr*: „*Rīr-Rīr* [Plural] sind in mir“ (Übersetzung des Verfassers) (PT 281, §422a). Hierin sieht Steiner nicht nur eine Identifikation mit *Rīr-Rīr*, sondern eine Transformation des Königs zu *Rīr-Rīr*.[14] Als „Beweis“ der Transformation werden demnach physiologische Merkmale von *Rīr-Rīr* präsentiert und von dieser explizit zum Betrachten dargeboten: Mund und äußere Ge-

11 Vgl. ebd., S. 28 f.
12 Vgl. ebd., S. 38.
13 Vgl. ebd., S. 38, insbesondere Fußnote 71.
14 Vgl. ebd., S. 40.

schlechtsorgane (PT 281, §422b). Der König als *Rīr-Rīr* vergleicht sich darüber hinaus noch mit den positiven Attributen eines Parfüms und bekräftigt die Transformation: „Ich bin sie" (Übersetzung des Verfassers) (PT 281, §422c). Sodann soll der Angreifer endgültig „hinausbefördert" werden (diesmal wiederum in ägyptischer Sprache): „Gehe, Nʿy-Schlange!" (Übersetzung des Verfassers) (*nʿy* als Terminus mit unbekannter Bedeutung). Es folgen weitere Erklärungen der Situation durch *Rīr-Rīr* auf Ägyptisch (PT 282):[15] Die fehlgeschlagene Attacke gleiche der eines Aasgeiers, der Ursprung des Angreifers wird nochmals in einem „Fremdland" verortet. Erneut werden *Ḫʿy-tꜣw* sowie die Sonne (diesmal nur verkürzt als „Lobpreis") als wirkliches Ziel der Attacke genannt. Es folgt eine letzte Aufforderung zum Verlassen des Ortes in semitischer Sprache, die mit einer Todesdrohung verbunden wird (PT 286, §427a). Die weiteren Äußerungen in ägyptischer Sprache aus PT 286 f. deutet Steiner so, dass die nun flüchtige Schlange als „Byblit" bezeichnet wird, wohingegen deren „Mutter" mit dem Meer in Verbindung gebracht wird – nach Steiner ist hier eine Anspielung auf die Einreise nach Ägypten auf dem Seeweg denkbar.[16]

Steiners Annahme einer Transkribierung der Schlangenspruchpassagen in der Levante durch Schreiber, die das Ägyptische als Fremdsprache kannten, ist möglich, wenn auch fraglich.[17] Abgesehen von einem vermutlich lokal hergestellten Siegel aus Byblos[18] existieren keinerlei Funde aus dem 3. Jahrtausend v. Chr., die auf eine größere Verbreitung der Hieroglyphenschrift zu diesem frühen Zeitpunkt in der Levante bei nativen semitischen Sprechern hinweisen.[19] Zur Zeit des Alten Reichs bestanden enge Handelsbeziehungen zu Byblos,[20] so dass ein „geistiger Import" von Zaubersprüchen aus dem levantinischen Raum durchaus möglich ist. Hier ist auch die byblitische Gottheit *Ḫʿy-tꜣw* zu erwähnen, die bereits zur Zeit des Alten Reichs in Ägypten belegt ist.[21]

15 Vgl. ebd., S. 51 f.

16 Vgl. ebd., S. 52, insbesondere Fußnoten 152 f.

17 Steiner vermutet, semitischsprachige Priester hätten in Byblos womöglich selbst die Transkriptionen verfasst, was jedoch höchst spekulativ verbleiben muss: „Some of the priests must been [sic] able to speak Egyptian, since it was they who presumably appended the Egyptian spell invoking [the deity] *Ḫʿy-tꜣw* to the Semitic spells." S. hierzu ebd., S. 52 und 78.

18 S. hierzu Martin: „Byblite Cylinder Seal" und Colonna: „Gods in translation".

19 Aus dem Byblos des 3. Jahrtausends v. Chr. sind ansonsten lediglich Artefakte mit ägyptischen Königsnamen belegt, s. Helck: *Die Beziehungen Ägyptens zu Vorderasien* (1971), S. 21 f.

20 S. ebd., S. 25–37.

21 S. ebd., S. 22 f. S. hierzu auch Schneider: „Chajtau".

Die Transliteration und Übersetzung der ägyptischen Passagen hat Steiner verschiedenen Editionen bzw. Übersetzungen entnommen oder an diese angelehnt.[22] Die Übersetzung der ägyptischen Teile ist stimmig, wobei die Auswahl der jeweiligen Übersetzung vom Kontext bestimmt ist, den Steiners Interpretation vorgibt. Ritner hält die Passagen PT 232–238 und 281–287 für zusammengehörig aufgrund paralleler Inhalte,[23] was bereits früher erkannt worden war.[24] Interessant an Steiners Textinterpretation ist auch die schlüssig wirkende Parallele des semitischen *ʾimmu-ḥiwwi* ‚Mutterschlange' zum ägyptischen *mw.t-f* ‚seine Mutter'. Die inhaltliche Plausibilität des gesamten Narrativs ist allerdings vor dem Hintergrund der Verworrenheit der Handlung und des ständigen Wechsels zwischen dem Semitischen und dem Ägyptischen fraglich. Dadurch entsteht der Eindruck eines inkonsistenten Handlungsstranges.

Die semitischen Passagen gibt Steiner mit gemeinsemitischem Phoneminventar wieder, die einzelnen Lexeme sind anhand des innersemitischen Vergleichs rekonstruiert.[25] Steiners Ausführungen zu den lexikalischen Rekonstruktionen wirken jeweils sehr fundiert. Teils weisen die entsprechenden Wurzeln bzw. Lexeme eine größere Verbreitung unter den semitischen Sprachen auf, teils sind sie jedoch singulär dem Althebräischen bzw. Phönizischen entnommen (zum Beispiel **ḳabōb* ‚Zauberspruch') oder als „protokanaanäisch" rekonstruiert (wie das Determinativ-Relativpronomen **ṯ(aw)ō*). Auch schlägt Steiner Lexeme vor, die nicht im Kanaanäischen belegt sind (zum Beispiel **ṭūʾ* ‚Duft'). Die Morphologie ist anhand des Westsemitischen mit deutlichen kanaanäischen Zügen rekonstruiert: Die Mimation fehlt, Kasusendungen treten nur im *status constructus* sowie im Genitiv auf. Die Kasusendungen werden jedoch an keiner Stelle von den Hieroglyphen wiedergegeben, sondern entsprechen Steiners Rekonstruktionsmodell. Teils sind bestimmte morphologische Besonderheiten direkt dem Althebräischen entnommen (zum Beispiel der pluralische Imperativ mit Energicussuffix *riʾū-naʾ* ‚seht'; entspricht *rəʾū-nā̆ʾ* aus 1 Sam 14,29; 16,17; 2 Sam 13,28).[26] Steiner glaubt in der Transkription den kanaanäischen Lautwandel (*w* → /ō/ < *ā) im Auslaut der Pronomina zu

22 Diese sind: Allen: *Ancient Egyptian Pyramid Texts* (2005); Faulkner: *The ancient Egyptian pyramid texts*; Leitz: „Schlangensprüche"; Sethe: *Übersetzung und Kommentar*, Bd. 1 und persönliche E-Mail-Kommunikation mit den Ägyptologen J. P. Allen, J. Baines und R. K. Ritner; hauptsächlich beruhen Steiners Angaben auf Allen und Faulkner. Zur genauen Angabe, welche Passagen welchen Quellen entstammen s. Steiner: *Semitic serpent spells*, S. 23–58.

23 Vgl. Ritner: „Foreword", S. IX.

24 Vgl. ebd., S. IX; dort ohne Referenz.

25 S. Steiner: *Semitic serpent spells*, S. 23–58.

26 S. hierzu ebd., S. 42.

erkennen (*i͗(w)nw* = *ʾanō/ū* ‚ich'/‚wir', *hnw* = *hinnō* ‚sie'). Insgesamt wirken die Rekonstruktionen aus semitistischer Perspektive für sich genommen stimmig. Fraglich ist allerdings, inwieweit aus dem Hebräischen und anderen Sprachzweigen in einen frühkanaanäischen Dialekt des 3. Jahrtausends v. Chr. projizierte Wurzeln, Lexeme und Morpheme als evident gelten können, jeweils mindestens tausend Jahre vor dem ersten Beleg. Hinzu kommt, dass die ägyptische Schrift teils mehrdeutig ist. Es handelt sich grundsätzlich um eine reine Konsonantenschrift, die je nach Rekonstruktion auch noch phonetische Ambivalenz aufweist. Insofern bieten sich theoretisch viele Möglichkeiten, die vermutlich fremdsprachigen Passagen mit Inhalten zu füllen. Auch die zum Teil schwerverständlichen und mehrdeutigen ägyptischen Passagen können nach jetzigem Stand nicht mit letzter Sicherheit interpretiert werden. Aus diesen Bedenken heraus können Steiners Ergebnisse vorerst nur als Rekonstruktionsversuch, nicht jedoch als gesicherte Fakten gelten. Nachdem wir uns mit dem Inhalt der Schlangensprüche vertraut gemacht haben und uns dem großen Interpretationsspielraum bei der Deutung dieser bewusst sind, wenden wir uns nunmehr der Phonologie zu.

# 3. Altägyptische und nordwestsemitische Phonologie

## 3.1 Rekonstruktion(en) der altägyptischen Phonologie

Unter der altägyptischen Sprache versteht man die Sprachstufe der geschichtlich fassbaren 1. Dynastie und 2. Dynastie, des Alten Reiches sowie der Ersten Zwischenzeit (nach Loprieno ca. 3000–2000 v. Chr., nach Allen 2700–2100 v. Chr.).[1] Hiervon abzugrenzen ist Mittelägyptisch, auch „Klassisches Ägyptisch“ genannt, als Sprache des Mittleren Reiches bis zur 13. Dynastie (ca. 2000–1300 v. Chr.).[2] Das späte Mittelägyptisch, ab der Zeit des Neuen Reiches belegt, blieb auch darüber hinaus „bis zum Ende der [paganen] ägyptischen Zivilisation“ (Übersetzung des Verfassers) als Literatursprache der religiösen Texte (neben anderen hierfür verwendeten Formen der ägyptischen Sprachgeschichte) in Gebrauch.[3] Teils wird jedoch auch von Alt- und Mittelägyptisch zusammenfassend als „älterem Ägyptisch“ gesprochen, was „die Sprache aller geschriebenen Texte von 3000 bis 1300 v. Chr.“ (Übersetzung des Verfassers) meint.[4] Das Altägyptische ist als Sprache der Pyramidentexte die Sprachstufe, mit der wir uns im Folgenden auseinanderzusetzen haben.

„Es liegen eine ganze Reihe von Entwürfen zur Phonetik und Phonologie des Äg. [Ägyptischen] […] vor,“[5] konstatiert Schenkel 1990, und daran hat sich bis heute wenig geändert; Schenkel stellt weiter fest: „Keine verläßliche Aussage über die Lautwerte der äg. [ägyptischen] Konsonanten liegt in der Transkription des Hieroglyphisch.[sic]-Äg., wie sie landläufig benutzt wird,“[6] auch wenn man diese Aussage sicherlich auf bestimmte Transkriptionszeichen einschränken muss. Auf Lepsius[7] geht das heute noch immer verwendete (teils modifizierte) Transkriptionssystem zurück, welches von der Berliner Schule

1 Vgl. Loprieno: *Ancient Egyptian*, S. 5 und Allen: *Middle Egyptian*, S. 1.

2 Vgl. Loprieno: *Ancient Egyptian*, S. 5 f.

3 Vgl. ebd., S. 6. Zur Vielfalt der Sprache in den späteren Epochen s. Quack: „Vielfalt der ägyptischen Sprache“.

4 Vgl. Loprieno: *Ancient Egyptian*, S. 5.

5 Schenkel: *Altägyptische Sprachwissenschaft*, S. 24.

6 Ebd., S. 25.

7 S. Lepsius: *Das allgemeine linguistische Alphabet*, S. 53. Endgültige Version in Lepsius: *Standard alphabet*, S. 193. S. hierzu auch Schenkel: *Altägyptische Sprachwissenschaft*, S. 29–31.

um Erman Ende des 19. Jh. überarbeitet wurde.[8] Die Berliner Schule versuchte, vorherige Transkriptionsstandards an die Semitistik anzugleichen, hatte jedoch oftmals falsche Vorstellungen von den tatsächlichen Lautwerten (zum Beispiel *ḏ* und *ṯ* missinterpretiert als Interdentale).[9] Auch muss berücksichtigt werden, dass das Ägyptische in dem langen Zeitraum seiner Überlieferung einem starken Lautwandel unterlegen war,[10] so dass der Lautbestand des Ägyptischen sich vom Altägyptischen über das Mittelägyptische zum Neuägyptischen[11] hin stark veränderte. Ein einheitlicher Transkriptionsstandard für alle Sprachstufen kann ohnehin den Veränderungen im Lautbestand nicht Rechnung tragen.

Die Rekonstruktion der Lautung erfolgt unter Zuhilfenahme folgender Quellen: „(1) die späteste Entwicklungsstufe des Äg.-Kopt. [Ägyptisch-Koptischen],[12] das Kopt., […] (2) gleichzeitige Nebenüberlieferungen, so insbesondere die keilschriftliche, (3) die Wiedergabe von Fremdwörtern und fremden Namen, vorwiegend semitischen (altkanaanäischen) Ursprungs, in Hieroglyphenschrift, und (4) hamitosemitische Etymologien äg. Sprachmaterials.“[13] In Tabelle 1 (s. Anhang) werden die rekonstruierten phonologischen (konsonantischen) Inventare des Altägyptischen nach Edel (1955),[14] Rössler (1971),[15] Loprieno (1995),[16] Kammerzell (1998),[17] Takács (1999),[18] Peust (1999)[19] und Allen (2013)[20] gegenübergestellt. Die Reihenfolge der traditionell transkribier-

---

8 Vgl. ebd., S. 31 f.

9 Vgl. ebd., S. 31 f.

10 S. hierzu Loprieno/Müller: „Ancient Egyptian and Coptic“ und Allen: *Egyptian language*, S. 37–56.

11 Unter dem Neuägyptischen versteht man „die Sprache des Schriftgutes aus der zweiten Hälfte des Neuen Reiches“ (Übersetzung des Verfassers), ca. 1300–700 v. Chr., vgl. Loprieno: *Ancient Egyptian*, S. 7.

12 Unter dem Koptischen versteht man die Sprachstufe des Ägyptischen zur Zeit des christlichen Ägyptens, die auch eine eigene Schrift erhielt und ab dem 1. Jh. n. Chr. belegt ist, vgl. ebd., S. 7 und Allen: *Middle Egyptian*, S. 2. Koptisch kam als geschriebene Sprache ab dem 14. Jh. außer Gebrauch, hat aber als gesprochene Sprache vereinzelt bis ins 18., 19. oder 20. Jh. überlebt, vgl. Peust: *Egyptian phonology*, S. 31.

13 Schenkel: *Altägyptische Sprachwissenschaft*, S. 26.

14 S. Edel: *Altägyptische Grammatik*, Bd. 1, S. 48–66.

15 S. Rössler: „Das Ägyptische als semitische Sprache“, S. 279–319.

16 S. Loprieno: „Egyptian and Coptic phonology“, S. 436 f.

17 S. Kammerzell: „Sounds of a dead language“, S. 26 und 37.

18 S. Takács: *Etymological dictionary*, Bd. 1, S. 272 f. S. hierzu auch die kritische Rezension Quack: „Zur Stellung des Ägyptischen“.

19 S. Peust: *Egyptian phonology*, S. 79–140.

20 S. Allen: *Egyptian language*, S. 37–56. Inzwischen hat Allen diesen phonologischen

ten phonematischen Konsonantenwerte in der linken Spalte entspricht der geläufigen ägyptologischen Konvention. Aus den unterschiedlichen Rekonstruktionen geht deutlich hervor, dass die in den Graphemen kodierten kleinsten sprachlichen Einheiten (die den traditionellen Transkriptionsphonemen entsprechen) prinzipiell als distinkte (meist konsonantische) Phoneme behandelt werden. Mangels gesicherter Erkenntnisse über die genauen lautlichen Realisierungen muss auf diese Konvention zurückgegriffen werden, da kein Minimalpaartest zur Bestimmung der Phoneme der gesprochenen Sprache möglich ist; es handelt sich bei den Phonemen also gewissermaßen um die Phoneme der Schriftsprache, deren Evidenz in Bezug auf die gesprochene Sprache im Dunkeln verbleiben muss.[21] Als traditionelle phonematische Konsonantenwerte der Schriftsprache werden diese im weiteren Verlauf der Arbeit als „Graphoneme" bezeichnet.[22] Der Ausdruck „Graphonem" berücksichtigt die Tatsache, dass letzten Endes jeder traditionelle Konsonantenwert sowohl über ein „Einkonsonantenzeichen" dargestellt als auch in einem „Mehrkonsonantenzeichen" beinhaltet sein kann. Rössler, Loprieno und Kammerzell verlassen den Rahmen der traditionellen Graphoneme, indem sie einem Teil der traditionellen Konsonantenwerte als „phonemisch mehrwertigen Graphonemen" mehrere Phoneme zuweisen.[23] Gleichzeitig interpretieren sie einzelne ermittelte Phoneme als „graphemisch mehrwertige Graphoneme",[24] die nicht mit bestimmten Graphonemen korrelieren, sondern durch verschiedene Zeichen(-kombinationen) repräsentiert sein können. Bezüglich der Fragestellung eines Vergleichs von ägyptischer und nordwestsemitischer phonetischer Realisierung stellt die

---

Überblick von 2013 weiter ausgebaut in Allen: *Ancient Egyptian phonology* (2020). Allens neuere Untersuchung konnte in dieser Studie nicht mehr berücksichtigt werden. Trotz einzelner Revisionen wurden die Interpretationen der lautlichen Realisierungen aus dem Modell von 2013 in den meisten Fällen beibehalten. S. hierzu auch Peust: „Rezension zu James P. Allen, Ancient Egyptian phonology".

21 Vgl. Peust: *Egyptian phonology*, S. 25 sowie Kammerzell: „Sounds of a dead language", S. 21–24 und Loprieno: *Ancient Egyptian*, S. 30.

22 Diese Definition geht zurück auf Harweg, s. Althaus: „Graphemik", S. 145 f. Der Begriff „Graphonem" beschreibt das Verhältnis von Graphemen zu Phonemen und kann sich auf beide Einheiten beziehen. Insofern ist „Graphonem" mehrdeutig. Auf Phoneme angewandt, meint es die durch das Schriftsystem kodierten Phoneme, so dass sich hierunter auch die traditionellen Transkriptionsphoneme des Ägyptischen subsumieren lassen.

23 Der Terminus „phonemisch mehrwertiges Graphonem" meint ein Graphem oder eine Graphemkombination zum Ausdruck mehrerer Phoneme, s. Althaus: „Graphemik", S. 146.

24 Der Terminus „graphemisch mehrwertiges Graphonem" meint ein Phonem, welches mehreren Graphemen oder Graphemkombinationen zugeordnet ist, s. ebd., S. 146. Verwirrend ist, dass in diesem Zusammenhang ebenfalls von „Graphonem" gesprochen wird, obwohl eigentlich „Phonem" gemeint ist.

eventuelle Diskrepanz von Graphonemen und Phonemen der ägyptischen gesprochenen Sprache keinen ergebnisgefährdenden Mangel dar, da wir mit dem Textcorpus der Schlangensprüche auch für die mutmaßlich semitischen Transkriptionen vom Bezugspunkt der ägyptischen Schriftzeichen ausgehen, und somit von schriftbasierten Phonemen.

Die Umschrift der Phoneme in Tabelle 1 ist (im Wesentlichen)[25] aus der jeweiligen Quelle beibehalten, die phonetische Realisierung wird hingegen jeweils in den IPA-Standard überführt.[26] Phonetische Realisierungen werden ohne weitere Kennzeichnung weggelassen, wenn sie der Referenz entsprechend für das Altägyptische (noch) nicht angenommen werden können. In der Tabelle werden alle angegebenen Varianten für das Altägyptische übertragen, um ein vollständiges Bild zu erhalten und wirklich alle möglichen Varianten berücksichtigen zu können. Marginalere Deutungen wie sekundäre Ausspracheinterpretationen oder vermutete dialektale Varianten sind durch Setzung runder Klammern ausgewiesen; sich gegenseitig ausschließende Interpretationen sind jeweils durch einen Schrägstrich abgegrenzt. Allophonische Aussprachevarianten sind lediglich durch Kommata getrennt. Auf gegensätzliche Aussprachetheorien und die Evidenz der Aussprachevarianten werden wir in Kapitel 4.1 genauer zu sprechen kommen, wenn wir Steiners Ergebnisse mit dem phonologischen Befund vergleichen. Ausgeklammert wird in Tabelle 1 auch die Frage nach der Vokalisation, da die Phoneme der Schrift fast ausschließlich konsonantisch gedeutet werden. Zur Vokalisation im Allgemeinen sei verwiesen auf Peust,[27] Schenkel,[28] Loprieno,[29] Loprieno/Müller[30] und Edel.[31] Auf Einzelfragen der Vokalisation im Zusammenhang mit Orthographie und Transkription semitischer Wörter bzw. Eigennamen kommen wir in Kapitel 4.2 zu sprechen.

---

25 Die Einschränkung betrifft nur Peust bezüglich einzelner Phoneme, die in Peusts Modell nur mit der Graphonemtranskription bezeichnet werden (ohne mit den üblichen Schrägstrichen als Phonem markiert zu werden). Im Sinne der besseren linguistischen Vergleichbarkeit der verschiedenen Modelle werden diese hier behelfsweise als Phoneme wiedergegeben, deren Zeichen zum Teil bereits die phonologische Realisierung implizieren. So sollen Missverständnisse zwischen Graphonem und Phonem vermieden werden, wenn Peusts Ergebnisse den anderen Modellen gegenübergestellt werden.

26 Der in dieser Arbeit verwendete IPA-Transkriptionsstand entspricht dem Standard von 2018, s. https://www.internationalphoneticassociation.org/content/ipa-chart, 23.8.2019. IPA steht für „International Phonetic Alphabet".

27 S. Peust: *Egyptian phonology*, S. 199–268.

28 S. Schenkel: *Altägyptische Sprachwissenschaft*, S. 57–93.

29 S. Loprieno: *Ancient Egyptian*, S. 35–37.

30 S. Loprieno/Müller: „Ancient Egyptian and Coptic", S. 116 f.

31 S. Edel: *Altägyptische Grammatik*, Bd. 1, S. 66–69.

Mit Czermak[32] und Rössler[33] beginnt 1931/34 bzw. 1971 die Revision der Vorstellungen über die ägyptische Phonologie,[34] wie sie sich in der Berliner Transkription manifestierte. Rösslers Vorschläge begründeten die „neuere Komparatistik“. Diese steht in scharfem Widerspruch zur Methode der „traditionellen Komparatistik“ Czermaks,[35] da beide Traditionen zu teils gegensätzlichen, unvereinbaren Ergebnissen gelangen. Zugrunde liegt beiden komparatistischen Schulen jeweils das Bestreben, unter anderem über ägyptisch-semitische Kognaten die „ursprüngliche“ Lautung des Ägyptischen herauszustellen. Während die traditionelle Komparatistik weitere Faktoren berücksichtigt (etwa die hieroglyphische Wiedergabe semitischer Wörter im Mittleren und Neuen Reich sowie die koptische Phonologie), fußt Rössler auf einem gemeinsamen phonologischen Modell des Ägyptischen und Semitischen. Rösslers Vorschläge beruhen zunächst auf der theoretischen Annahme einer phonologischen Tiefenstruktur mit insgesamt acht Konsonantenreihen („Triaden“) aus jeweils einem stimmlosen, emphatischen und stimmhaften Phonem für das Semitische und das Ägyptische.[36] Die ursprünglichen Phoneme sind jedoch im fassbaren Phonemsystem bereits teilweise zusammengefallen. Hinzu tritt noch Rösslers Prinzip der Wurzelinkompatibilitäten, wonach keine Wurzel mehr als ein Phonem aus derselben Trias enthalten kann.[37] Aus den Wurzelinkompatibilitäten und der Ermittlung semitischer kognater Wurzeln rekonstruiert er schließlich die Lautung der kognaten Phoneme des Ägyptischen.[38] Anhand dieses Vergleichs „revolutionierte“ Rössler die vorherrschenden Annahmen über die phonetische Realisierung der Phoneme im Altägyptischen. Im Gegenzug zeichnet sich die traditionelle Methode tendenziell dadurch aus, von einem eher geringen Lautwandel auszugehen. Dadurch behalten die Transkriptionszeichen der Berliner Schule, trotz mancher Fehldeutungen, ihre phonologischen „Korrelationen, die weitgehend der Transkription entsprechen.“[39] Das heißt, es werden „die lautlichen Verhältnisse etwa des Neuen Reiches auch für die genuinen Entsprechungen angesetzt“.[40] Takács

32 S. Czermak: *Die Laute der ägyptischen Sprache*, Bd. 1–2.
33 S. Rössler: „Das Ägyptische als semitische Sprache“.
34 Vgl. Schenkel: *Altägyptische Sprachwissenschaft*, S. 32.
35 Vgl. Schneider: „Beiträge zur sogenannten ‚Neueren Komparatistik‘“, S. 189.
36 Vgl. Rössler: „Das Ägyptische als semitische Sprache“, S. 265, 269 und 277.
37 Vgl. ebd., S. 267 f.
38 Vgl. ebd., S. 277. S. hierzu auch Takács: „Semitic-Egyptian relations“, S. 9.
39 Vgl. Satzinger: „Historische ägyptische Phonologie“, S. 213. Die zitierte Aussage bezieht sich eigentlich auf die Rekonstruktion der altägyptischen Phonologie des „Moskauer Modells“ nach Diakonoff, gilt aber aus erweiterter Perspektive gleichermaßen für die traditionelle Methode, zu der in diesem Bereich auch Diakonoff gezählt werden kann.
40 Schneider: „Beiträge zur sogenannten ‚Neueren Komparatistik‘“, S. 189.

wird ebenfalls der „traditionellen Komparatistik“ zugerechnet,[41] und steht in der Tradition von Edel und anderen.[42] Rösslers Modell konkurriert auch mit der „Diakonoff-Schule“, welcher wiederum Takács nahe steht.[43] Die Diakonoff-Schule vertritt im Bereich der ägyptischen Phonologie ebenfalls der traditionellen Methode entsprechende Ergebnisse.[44] Rösslers Ansatz wurde mehrfach aufgegriffen bzw. weiterentwickelt, so zum Beispiel in den Rekonstruktionen Loprienos und Kammerzells[45] aus Tabelle 1 sowie (zum Teil) in Peusts und Allens Rekonstruktionen. Einen Ansatz zur Annäherung zwischen beiden Traditionen bieten Peust/Kammerzell/Müller,[46] die jedoch weiterhin den Rössler'schen Ansatz favorisieren.[47]

Die Auswahl der Rekonstruktionsmodelle in Tabelle 1 beruht auf folgenden Kriterien: Edels Darstellung gibt im Wesentlichen deskriptiv die Grundlagenforschung der traditionellen Komparatistik wieder. Er beruft sich in dieser Sache hauptsächlich auf Vergote,[48] der seinerseits primär auf Czermak und Worrell[49] aufbaut, folgt allerdings bezüglich der Plosive Hintze.[50] Damit fasst Edel die fundamentale traditionelle phonologische Forschung zusammen und bringt sie gleichsam zu einer Synthese. Takács Darstellung ist das bislang letzte umfangreiche Werk der „alten Schule“, das auf Edel und der traditionellen ägyptologischen phonologischen Forschung der Jahrzehnte danach aufbaut und deren Ergebnisse Takács im Wesentlichen bestätigt sieht.[51] Rösslers und Takács' Vorschläge stehen in jeweils konkurrierendem Verhältnis zueinander.[52] Dementsprechend weist Takács die Vorschläge Rösslers sowie deren Weiterentwicklungen vehement zurück.[53] Rössler bildet das Grundlagenwerk der neueren Komparatistik und darf in keinem „schulenübergreifenden“ Vergleich fehlen. Loprienos, Peusts und Allens Abhandlungen sind die wichtigs-

41 Vgl. Breyer: „Zu den angeblich semitischen Schlangensprüchen“, S. 145.
42 S. Takács: *Etymological dictionary*, Bd. 1, S. 272.
43 S. ebd., S. 49. S. a. Satzinger: „Historische ägyptische Phonologie“, S. 212 f.
44 Vgl. ebd. S. 213.
45 Vgl. Takács: *Etymological dictionary*, Bd. 1, S. 333.
46 Vgl. Breyer: „Zu den angeblich semitischen Schlangensprüchen“, S. 145, Anm. 15. S. hierzu Peust/Kammerzell/Müller: „Sprachvergleich“, S. XV.
47 Vgl. ebd., S. XV.
48 S. Vergote: *Phonétique historique*.
49 S. Worrell: *Coptic sounds*.
50 S. Hintze: „Verschlußlaute im Koptischen“, S. 199 f.
51 S. Takács: *Etymological dictionary*, Bd. 1, S. 272.
52 Vgl. Satzinger: „Historische ägyptische Phonologie“, S. 213 f.
53 Vgl. Takács: *Etymological dictionary*, Bd. 1, S. 333–393 sowie Takács: „Semitic-Egyptian relations“, S. 13 f.

ten internationalen phonologischen Darstellungen des altägyptischen Lautsystems der letzten Jahrzehnte und folgen im Ansatz weiterhin dem Rössler'schen Modell. In der deutschsprachigen neueren Komparatistik hat sich neben Peust außerdem Kammerzell hervorgetan. Andere, hier unberücksichtigte Ägyptologen wiederum geben lediglich die ältere Forschung wieder oder behandeln nur graphonemische Einzelfragen, ohne ein abgeschlossenes Modell zu präsentieren.

Interessant sind von den Lautsystemen in Tabelle 1 insbesondere Loprienos, Peusts und Allens Ansätze, da sie zwar auf der neueren Komparatistik beruhen, jedoch auch stimmige Annahmen der traditionellen Komparatistik enthalten. Hiervon sticht noch das Modell von Peust besonders hervor, der fast ausschließlich mit dem innerägyptischen Vergleich argumentiert, sich aber bei einigen besonders kritischen Phonemen bezüglich der (genauen) phonetischen Realisierung nicht festlegt. Demgegenüber macht Rösslers System mit seinen acht „Triaden" einen allzu künstlichen Eindruck. Rössler konnte zwar über die „revolutionäre" Bestimmung von kognaten ägyptischen und semitischen Wurzeln stimmige Wortgleichungen ermitteln, jedoch bleibt ein Widerspruch zu schlüssigen traditionellen Wortgleichungen bestehen.[54] Während im Bereich des kognaten Lexikons noch kein Ausgleich zwischen der traditionellen und der neueren Komparatistik hergestellt werden konnte, findet gewissermaßen auf phonologischer Ebene eine Annäherung bei Allen, Peust und Loprieno statt. Nichtsdestoweniger kann nach jetzigem Stand keines der Systeme eindeutig als widerlegt gelten.

Steiner hält die untersuchten Schlangensprüche für hieroglyphische Transkriptionen eines kanaanäischen Dialekts des Nordwestsemitischen. Dies bedeutet, dass die phonologische Valenz der semitischen Phoneme aus den Schlangensprüchen im Nordwestsemitischen respektive im Kanaanäischen zu dieser Zeit der (ungefähren) lautlichen Realisierung der entsprechenden Graphoneme im Altägyptischen entsprochen haben müssen, um für die Transkription geeignet zu sein. Daher ist als Nächstes zu klären, wie solch ein nordwestsemitischer Dialekt phonologisch ausgesehen haben könnte.

54 S. hierzu ebd., S. 13 f. sowie Takács: *Etymological dictionary*, Bd. 1, S. 343 f. und 392 f.

## 3.2 Phonologische Inventare nordwestsemitischer Sprachen des 3. und 2. Jahrtausends v. Chr.

Es soll hier nochmals betont werden, dass nach gegenwärtigem Stand keine gesicherten Erkenntnisse über das Nordwestsemitische zur Zeit der Pyramidentexte gewonnen werden können. Dies betrifft auch das Kanaanäische, sofern man überhaupt (wie Steiner) von einer derart frühen Existenz dieses Sprachzweiges ausgeht. Selbst das Akkadische als die (nach bisherigen Annahmen) früheste belegte semitische Sprache tritt erst ab ca. 2400 v. Chr. (mit den ersten zusammenhängenden Texten) in Erscheinung[55] und lässt als ostsemitische Sprache für sich genommen keine konkreten Aussagen über die Verhältnisse des westsemitischen Lautbestandes zu. Zum Nordwestsemitischen rechnet man üblicherweise die kanaanäischen Sprachen, Ugaritisch sowie Aramäisch.[56] Die morphologischen Innovationen innerhalb des Nordwestsemitischen lassen eine genaue Rekonstruktion der internen Gliederung des Nordwestsemitischen nicht zweifelsfrei zu, teils werden auch phonologische Merkmale in die Überlegungen einbezogen.[57] Dies lässt den Rückschluss zu, dass der nordwestsemitische Raum als Zone intensiver Sprachkontaktphänomene gelten darf. Auch die lexikostatistische Untersuchung Kogans, die gemeinsame morphologische und lexikalische Isoglossen berücksichtigt, ordnet diesem Raum das Merkmal einer Sprachkontaktzone zu.[58] Obwohl Steiner die Ausgangssprache der unklaren Schlangensprüche in einem frühen kanaanäischen Dialekt sieht, müssen in die Betrachtung weitere Sprachen des nordwestsemitischen Raumes einbezogen werden. Dies beruht auf der Annahme, bei derart nah verwandten Sprachen einer Sprachkontaktzone typologisch ähnliche Verhältnisse anzutreffen.[59] Vor allem ist hierbei der Bereich der Phonologie betroffen, der ja für wellenartige Innovationen im Rahmen des Sprachkontakts über den engeren Sprachraum hinaus besonders anfällig ist (zumal in Sprachkontaktzonen),[60] wenngleich neben entlehnten sowie ererbten phonologischen Merkmalen auch grundsätzlich unabhängige Lautentwicklungen vorliegen können. Da es nicht möglich ist, ein sicheres Bild nordwestsemitischer bzw. (proto-)kanaanäischer phonologischer Inventare für die Zeit um 2500 v.

55 Vgl. Lipiński: *Semitic linguistics*, S. 8.
56 Vgl. Faber: „Genetic subgrouping", S. 9–11.
57 Vgl. ebd., S. 9–11.
58 Vgl. Kogan: *Genealogical classification of Semitic*, S. 599–601.
59 S. hierzu auch Huehnergard/Rubin: „Phyla and waves", S. 264–267.
60 S. hierzu ebd., S. 266.

Chr. zu gewinnen, müssen Vergleichswerte ermittelt werden. Auch die phonologischen Inventare nordwestsemitischer Sprachen aus nachfolgenden Jahrhunderten müssen berücksichtigt werden, da wegen der unklaren zeitlichen Bestimmung des Lautwandels die jeweiligen späteren Aussprachevarianten bereits im Referenzzeitraum vorgelegen haben können. Folgende Schriften bzw. Sprachen aus dem nordwestsemitischen Raum kommen daher (theoretisch) in Betracht: Amoritisch, frühe semitische Alphabetschriften, das Byblos-Syllabar, Kanaano-Akkadisch, Ugaritisch, Hebräisch, Phönizisch sowie Aramäisch (die Reihenfolge entspricht in etwa der jeweiligen frühesten Belegzeit). Es folgt zu diesen ein kurzer Überblick sowie eine Diskussion ihrer Eignung für die Ausgangsfragestellung:

Die klassifikatorische Zugehörigkeit des Amoritischen konnte noch nicht mit abschließender Sicherheit geklärt werden,[61] es wird jedoch mitunter als Teil des nordwestsemitischen Sprachzweiges betrachtet.[62] Das Amoritische ordnet man vor allem dem Gebiet des mittleren Euphrats und der syrischen Steppe zu. Es ist mit einem Corpus von nur einigen Tausend Eigennamen und amoritischen Lehnwörtern in sumerischen und akkadischen Keilschrifttexten belegt.[63] Die Belegzeit reicht von etwa 2500 bis 1200 v. Chr.,[64] womit es sich um den frühesten belegten Vertreter des nordwestsemitischen Sprachzweiges handeln könnte. Das rekonstruierte phonologische Inventar des Amoritischen ist für die vorliegende Studie eigentlich höchst interessant, da es diejenige (nord-)westsemitische Sprache ist, die die größte zeitliche Nähe zur betreffenden Epoche um 2500 v. Chr. aufweist. Dennoch besitzt es für die Fragestellung nur eingeschränkte Aussagekraft. Die phonetischen Realisierungen des Phoneminventars sind bislang in weiten Teilen fraglich, was der für das semitische Phoneminventar teilweise ungeeigneten Keilschrift geschuldet ist. Die unsicheren phonetischen Realisierungen betreffen alle Sibilanten, Affrikaten und Ejektive.[65] Auch ist der genaue Umfang des Phoneminventars bislang noch unklar, da /ġ/ noch nicht mit Sicherheit als distinktes Phonem des amoritischen Lautsystems identifiziert werden konnte.[66] Diese Unsicherheiten und die fragliche Zugehörigkeit zum Nordwestsemitischen lässt auch die Relevanz für den kanaanäischen Sprachraum ungewiss erscheinen. Das Amoritische muss also

61 Vgl. Andrason/Vita: „Amorite“. S. auch Brovender: „Pre-Biblical Hebrew“, Sp. 1561 f.
62 Vgl. Streck: „Amorite“, S. 452.
63 Vgl. ebd., S. 452.
64 Vgl. ebd., S. 452.
65 Vgl. Streck: *Das amurritische Onomastikon*, Bd. 1, S. 254–256. Vgl. aber Streck: „Amorite“, S. 453 f., wo die nicht-ejektivierten Affrikaten nicht mehr als fraglich gekennzeichnet werden.
66 Vgl. ebd., S. 454. Vgl. aber Gelb: *Analysis of Amorite*, S. 8.

ähnlich wie das Protosemitische eher als grober Vergleichswert in die Untersuchung einbezogen werden.

Zu den frühen semitischen Alphabetschriften gehören die proto-sinaitischen und proto-kanaanäischen Inschriften sowie die Inschriften von Wadi el-Hol in Ägypten.[67] Die Datierung der frühesten Inschriften variiert stark, man geht von einem Zeitraum zwischen 2000 und 1550 v. Chr. aus.[68] Teils bezieht man die Begriffe proto-sinaitisch und proto-kanaanäisch auf den jeweiligen Fundort der Inschriften, teils wird proto-kanaanäisch synonym für beide Regionen gebraucht.[69] Die proto-kanaanäische Schrift entwickelte sich nach 1400 v. Chr. mit stärker linearem Charakter allmählich zur phönizischen sowie zur alt- bzw. paläohebräischen Schrift weiter.[70] Überwiegend nimmt man an, dass Westsemiten aus der südlichen Levante bei der Entwicklung des Protoalphabets Lautwerte aus stark piktographischen Zeichen nach dem „akrophonischen Prinzip" ableiteten, wobei einige Zeichen den Hieroglyphen entnommen wurden bzw. sich daran anlehnten.[71] Obwohl ein derart frühes Auftreten einer westsemitischen Schrift diese eigentlich höchst interessant für einen phonologischen Vergleich macht, lässt das geringe Quellenmaterial keine Rückschlüsse auf die phonologische Valenz der Zeichen zu.[72] Interpretationen der Zeichenlisten wie bei Hamilton[73] weisen den Zeichen kongruente Buchstaben anderer semitischer Schriften wie der hebräischen oder arabischen zu und übertragen dabei den phonemischen Wert, ohne jedoch die phonologische Realisierung interpretieren zu können. Daher entfällt eine weitere Betrachtung dieses Materials.

Ebenfalls ungeeignet ist das „pseudo-hieroglyphische" Byblos-Syllabar. Hierbei handelt es sich um ein kleines Corpus eisenzeitlicher Inschriften (vor 1200 v. Chr.) mit hieroglyphenähnlichen Zeichen aus Byblos.[74] Bisherige Entzifferungsversuche lösten überwiegend Skepsis oder Widerspruch aus.[75] Als

---

67 Vgl. Hamilton: *West Semitic alphabet*, S. 4.

68 Vgl. ebd., S. 11.

69 Vgl. ebd., S. 4. Hamilton umfasst mit „proto-kanaanäisch" auch die Inschriften von Wadi el-Hol.

70 Vgl. ebd., S. 4 und Tropper: „Die nordwestsemitischen Schriften", S. 301.

71 Vgl. ebd., S. 297 und Hamilton: *West Semitic alphabet*, S. 5.

72 S. auch Tropper: „Die nordwestsemitischen Schriften", S. 298: „Zum gegenwärtigen Zeitpunkt können […] weder die protosinaitischen noch die frühen protokanaanäischen Inschriften als entziffert gelten."

73 S. Hamilton: *West Semitic alphabet*, S. 29–268.

74 Vgl. Colless: „The Byblos Syllabary", S. 55 und Coulmas: *Writing systems*, S. 139.

75 Vgl. ebd., S. 139 und Daniels: „Ancient Near Eastern writing systems", S. 30.

bloße Spekulation muss daher auch die von Mendenhall ermittelte Phonemliste[76] hier unberücksichtigt bleiben.

Wesentlich aufschlussreicher ist die als „Kanaano-Akkadisch“ bekannte Sprache. Es handelt sich dabei um die früheste belegte, sicher identifizierbare Sprachform der kanaanäischen Dialektgruppe[77] in keilschriftlicher Überlieferung. Das Kernstück des Quellenmaterials besteht aus einer Sammlung von Briefen kanaanäischer Vasallen an den ägyptischen Hof aus dem 14. Jh. v. Chr., die in Tell el-Amarna gefunden wurde.[78] Zum Corpus rechnet man auch weitere kanaano-akkadische Quellen (überwiegend Briefe) derselben Periode aus dem levantinischen Raum hinzu,[79] die jedoch an Zahl hinter der umfangreichen Sammlung der Amarnabriefe zurückbleiben und für die Erforschung des Kanaano-Akkadischen eher von marginaler Bedeutung sind. Hiervon sind die wichtigeren Briefe diejenigen aus Taanach (bereits 15. Jh. v. Chr.) und Kamid el-Loz,[80] die oftmals in Untersuchungen des Kanaano-Akkadischen miteinbezogen werden.[81] Alle Briefe des Corpus sind auf Akkadisch verfasst, der Lingua Franca des diplomatischen Verkehrs ihrer Zeit.[82] Allerdings war das verwendete Alt- oder Frühmittelbabylonische[83] durchsetzt mit „Kanaanismen“. Dies betrifft den Bereich des Lexikons, der Syntax sowie der Morphologie, besonders auffällig ist die Verbalmorphologie.[84] Tropper/Vita sprechen daher nicht von einem Substrat, sondern von einer „Mischsprache“, die kein „einheitliches sprachliches System“ bildet und von Varianz geprägt ist.[85] Nichtsdestoweniger lassen die Briefe Rückschlüsse auf das kanaanäische Phoneminventar zu.[86] Albright glaubt, dass die „Kanaanismen“ keine „Fehler“ im eigentlichen Sinne sind, sondern ein akzeptierter, formalisierter Standard im diplomatischen Schriftverkehr Kanaans.[87]

Beim Ugaritischen handelt es sich um einen weiteren Vertreter der nordwestsemitischen Sprachfamilie, der von ca. 1300 bis 1185 v. Chr. belegt ist und meist mit einem keilschriftlichen Alphabet geschrieben wurde.[88] Obwohl

---

76 S. Mendenhall: *Syllabic inscriptions*, S. 19.
77 Vgl. Tropper/Vita: *Kanaano-Akkadisch*, S. 21.
78 Vgl. Izre'el: *Canaano-Akkadian*, S. 2.
79 Vgl. Tropper/Vita: *Kanaano-Akkadisch*, S. 18.
80 Vgl. ebd., S. 19.
81 So zum Beispiel ebd. und bei Izre'el: *Canaano-Akkadian*.
82 Vgl. ebd., S. 2.
83 Vgl. Tropper/Vita: *Kanaano-Akkadisch*, S. 20.
84 Vgl. ebd., S. 21.
85 Vgl. ebd., S. 21 f.
86 Vgl. Izre'el: *Canaano-Akkadian*, S. 7.
87 Vgl. Albright: „Amarna letters“, S. 99.
88 Vgl. Pardee: „Ugaritic“ (2008), S. 5 und Pardee: „Ugaritic“ (2011), S. 460 f.

für den phonologischen Vergleich mit anderen nordwestsemitischen Sprachen bestens geeignet, stellt sich ein methodisches Problem bezogen auf die Fragestellung dieser Studie. Sowohl das Ugaritische als auch das Kanaano-Akkadische sind erst etwa eintausend Jahre nach dem ersten Auftreten der Pyramidentexte belegt, und besitzen daher nur begrenzte Aussagekraft über die spezifischen phonologischen Bedingungen im 3. Jahrtausend v. Chr. Mangels anderer Quellen müssen sie aber als Vergleichswerte mit in Betracht gezogen werden.

Wenn bereits das Kanaano-Akkadische und das Ugaritische einen zu großen zeitlichen Abstand zur Ausgangsperiode besitzen, um valide Rückschlüsse auf diese zuzulassen, dann betrifft dies das Hebräische und Phönizische noch weitaus mehr. Eindeutig hebräische sowie phönizische Belege sind ab ca. 1100 bzw. 1000 v. Chr. nachweisbar.[89] Doch sollen beide in die Ausführungen miteinbezogen werden, da sie als kanaanäische Sprachen eine enge Verwandtschaft zu derjenigen Sprache besitzen, die Steiner als frühes Kanaanäisch identifiziert. Anders verhält es sich mit dem Aramäischen, welches noch später (erst ab dem 9. Jh. v. Chr.) belegt ist.[90] Da es nicht zur kanaanäischen Sprachgruppe gehört und noch später belegt ist, wird es von der weiteren Betrachtung ausgeschlossen.

Neben den erwähnten Sprachen soll das protosemitische phonologische Inventar in die Erwägungen miteinbezogen werden. Das Auftreten der semitischen Sprachen wird von Lipiński spätestens auf die frühe Bronzezeit datiert.[91] Damit stimmt Lipiński mit Kitchen/Ehret/Assefa/Mulligan überein, die das Protosemitische auf ca. 3740 v. Chr. datieren.[92] Dies ergibt vom Protosemitischen zur Ausgangsperiode des 25. Jh. v. Chr. in etwa denselben zeitlichen Abstand wie von dieser zum Kanaano-Akkadischen. Insofern das Kanaano-Akkadische vage Rückschlüsse auf das Lautsystem einer etwa tausend Jahre älteren nordwestsemitischen Sprache zulässt, müsste dies in „umgekehrter" zeitlicher Richtung ebenso für das Protosemitische gelten. Da der konkrete Lautwandel und Phonemzusammenfall im westsemitischen Raum im 3. Jahrtausend v. Chr. nicht bestimmbar ist, muss auch bedacht werden, dass einzelne oder alle phonetischen Realisierungen des Protosemitischen auch in einem semitischen Dialekt des 3. Jahrtausends v. Chr. aufgetreten sein können. Huehnergard hält das Phoneminventar des Protonordwestsemitischen für identisch

89 Vgl. Rendsburg: „Ancient Hebrew phonology", S. 65 und Segert: „Phoenician and Punic phonology", S. 56.

90 Vgl. Fales: „Old Aramaic", S. 555.

91 Vgl. Lipiński: *Semitic linguistics*, S. 1.

92 S. Kitchen/Ehret/Assefa/Mulligan: „Bayesian phylogenetic analysis", S. 2703.

mit dem des Protosemitischen.[93] Hingegen äußert er sich nicht umfassend zur phonetischen Realisierung des protosemitischen resp. protonordwestsemitischen Phoneminventars.[94]

Nachfolgend sind in Tabelle 2 (s. Anhang) die rekonstruierten phonologischen Inventare des Protosemitischen, Amoritischen, Kanaano-Akkadischen, Ugaritischen, Althebräischen und Phönizischen auf synchron-phonologischer Basis gegenübergestellt. Die Gruppierung der Phone erfolgt nach (Haupt-)Artikulationsort gemäß IPA. Die Darstellung der Phoneme wurde aus den angegebenen Referenzen unverändert übernommen, die phonetischen Realisierungen wiederum in den IPA-Standard überführt. Enthalten sind auch vermutete alternative Varietäten innerhalb einer Rekonstruktion sowie divergente Varianten unterschiedlicher Rekonstruktionen zu lautlichen Realisierungen innerhalb einer Sprache. Somit wird vermieden, sich nach langwierigen Überlegungen dem einen oder anderen Vorschlag anzuschließen, der nach jetzigem Forschungsstand ohnehin nicht endgültig verifizierbar ist. Demgegenüber wird mit dem dargelegten Vorgehen zunächst ein möglichst großes Spektrum an phonetischen Realisierungen als Ausgangspunkt für das weitere Vorgehen ermittelt. Auch sollte man es im Zusammenhang mit Dialektkontinua sowie Phänomenen der Divergenz und Konvergenz vermeiden, von einheitlichen, starren Lautsystemen auszugehen. Somit können gewisse Aussprachevarietäten ein und desselben Phonems auch zeitgleich innerhalb einer Dialektgruppe des Nordwestsemitischen vertreten gewesen sein.[95]

Zu beachten ist außerdem, dass Tabelle 2 auf einem typologischen Vergleich anhand der Phone und nicht der Phoneme basiert, das heißt, ein Phonem kann in jeder Spalte (also innerhalb einer einzigen Sprache) mehrmals dargestellt sein, wenn das zugrundeliegende Phonem mehr als eine mögliche Realisierung aufweist. Gegebenenfalls müssen natürlich auch Phänomene des Lautwandels bedacht werden, die auch zu phonetischen Realisierungen geführt haben können, die nicht mehr rekonstruierbar sind. Die Anordnung in Tabelle 2 ermöglicht es, schnell zu erkennen, mit welchen phonetischen Realisierungen wir im nordwestsemitischen Raum im 3. sowie 2. Jahrtausend v. Chr. zu rechnen haben. Nicht erkennbar sind jedoch die diachronen Zusammenhänge und protosemitischen Phonemreflexe.

---

93 Vgl. Huehnergard: „Northwest Semitic languages".

94 S. ebd.

95 S. hierzu zum Beispiel die „Shibboleth-Episode" im Alten Testament, s. Rendsburg: „Ancient Hebrew phonology", S. 69 f.

Die Phoneminventare der Einzelsprachen in Tabelle 2 sind eher synchron (und nicht streng diachron) zu verstehen. Sie stellen das jeweilige Phoneminventar synchron dar, so dass sich nur teilweise die zugrundeliegenden protosemitischen Phoneme oder der Lautwandel seit dem Protosemitischen erschließen lassen. Ebenso wenig wird der Zusammenfall der protosemitischen Phoneme innerhalb des Nordwestsemitischen abgebildet, weswegen es einer weiteren Tabelle 3 (s. Anhang) bedarf. Diachron betrachtet kann sich durch den Phonemzusammenfall ein bestimmtes Phonem einer späteren Einzelsprache auf mehrere zugrundeliegende protosemitische Phoneme beziehen. Dies bedeutet, dass die von Steiner vorgeschlagenen transkribierten Phoneme nicht nur synchron mit den phonetischen Realisierungen genau dieses Phonems in den entsprechenden Einzelsprachen verglichen werden müssen, sondern auch diachron mit den phonetischen Realisierungen der Phonemreflexe des zugrundeliegenden protosemitischen Phonems in den verschiedenen Referenzsprachen (zum Beispiel müssen für /ṣ́/ nicht nur die phonetischen Realisierungen von /ṣ́/, sondern auch diejenigen von /ṣ/ < *ṣ́ in einem Teil des Nordwestsemitischen betrachtet werden). Um dies mit zu berücksichtigen, müssen die protosemitischen Wurzelphoneme, ihre Reflexe und deren mögliche phonetische Realisierungen innerhalb des Nordwestsemitischen ermittelt werden.

Die Ergebnisse hiervon sind in Tabelle 2 durch Umgruppierung nach protosemitischen Wurzelreflexen angewandt und in Tabelle 3 dargestellt. Die Reihenfolge der Phonemanordnung richtet sich nach dem (Haupt-)Artikulationsort der mutmaßlichen Aussprache der jeweiligen Phoneme im Protosemitischen. Die Zuordnung der Phoneme der nordwestsemitischen Einzelsprachen zu den jeweiligen zugrundeliegenden protosemitischen Phonemen basiert neben den konsultierten Werken zu den Einzelsprachen (s. Referenzen Tabelle 2 und 3) auf Kogan[96] und Lipiński.[97] Ein Phonem kann pro Einzelsprache in einer Spalte mehrfach vorhanden sein, wenn sich dieses auf mehrere protosemitische Phoneme wegen des Phonemzusammenfalls bezieht. Mit Tabelle 3 wird auch der Missstand behoben, dass Tabelle 1 (zum Altägyptischen) und Tabelle 2 (synchrone Darstellung des Nordwestsemitischen) einen unterschiedlichen Vergleichsstandard aufweisen (altägyptische Phoneme vs. semitische Phone). Wie bereits in Tabelle 1 gilt auch hier: Marginalere Deutungen wie sekundäre Ausspracheinterpretationen oder vermutete dialektale Varianten sind durch Setzung runder Klammern ausgewiesen; sich gegenseitig ausschließende Interpretationen sind jeweils durch einen Schrägstrich abgegrenzt. Allophoni-

96 S. Kogan: „Proto-Semitic“, S. 55.
97 S. Lipiński: *Semitic languages*, S. 115 und 150.

sche Aussprachevarianten sind lediglich durch Kommata getrennt. Anhand Tabelle 3 lassen sich alle bekannten bzw. rekonstruierten Aussprachevarianten der betrachteten semitischen phonologischen Inventare im Zusammenhang mit den protosemitischen Phonemreflexen auf die Referenzzeit hypothetisch übertragen und schließlich in Kapitel 4.1 in den phonologischen Vergleich mit dem ägyptischen Phoneminventar einbeziehen. Jede Konkordanz zwischen einem Graphonem, dessen ägyptischer phonetischer Realisierung und einem zugeordneten semitischen Phonem mit dessen phonetischer Realisierung sollte sich bei Anwendung auf die Schlangensprüche durch Tabelle 1 und 3 begründen lassen. Je größer die Übereinstimmung der jeweiligen phonetischen Realisierung, desto größer ist die Plausibilität der einzelnen Vorschläge. Die Diskussion der Ergebnisse aus dem Vergleich findet in Kapitel 4.1 statt, zunächst folgt jedoch noch ein Abriss zu ägyptischen Transkriptionen aus dem Semitischen und *vice versa*, ägyptischen Lehnwörtern im Althebräischen.

## 3.3 Ägyptisch-semitische Phonemkorrespondenzen in Eigennamen, Fremd- und Lehnwörtern

Aufgrund der Divergenzen zwischen dem ägyptischen und dem semitischen Lautsystem sowie der Unsicherheiten bezüglich des phonologischen Systems des jeweiligen semitischen Ursprungsdialekts (wie auch der genauen Verortung des Dialekts) kann aus den Belegen des Mittleren Reiches sowie des Neuen Reiches kein gesichertes semitisches phonologisches Inventar gewonnen werden. Hinzu tritt noch die kontroverse Interpretation des ägyptischen Lautsystems sowie der Lautwandel im Ägyptischen, der nur grob bestimmbar ist. Besonders bei den semitischen Phonemen, die einige graphemische Varianz erkennen lassen, ist demzufolge die genaue Bestimmung der phonetischen Valenz oftmals nicht möglich. Nichtsdestoweniger lassen die ins Ägyptische transkribierten Eigennamen und Fremdwörter aus dem Semitischen konkrete Korrelationen ägyptischer Graphoneme zu bestimmten semitischen Phonemen erkennen. Derartige ägyptisch-semitische phonemische Korrelationen werden im Folgenden als „ägyptisch-semitische Korrespondenzen“ bzw. vereinfacht als „semitische Korrespondenzen“ bezeichnet und in den Vergleich mit Steiners Konkordanz in Kapitel 4.1 miteinbezogen. Es wird im Allgemeinen davon ausgegangen, dass diese ägyptisch-semitischen Korrespondenzen synchron identische oder einander ähnliche Lautwerte aufgewiesen haben. Zu beachten ist jedoch die Distanz zur Ausgangsperiode der Pyramidentexte, weswegen diese Perspektive nur bei Graphonemen aussagekräftig ist, bei denen eine dem

Altägyptischen entsprechende oder zumindest ähnliche phonetische Realisierung anzunehmen ist. Gleiches gilt für die Betrachtung der ägyptischen Lehnwörter im Althebräischen. Immerhin weisen die Belege aus dem Mittleren Reich, abgesehen vom Amoritischen, eine geringere zeitliche Distanz zur Ausgangsperiode auf als die untersuchten nordwestsemitischen phonologischen Inventare in Kapitel 3.2.

### 3.3.1 Ägyptisch-semitische Phonemkorrespondenzen in semitischen Eigennamen des Mittleren Reiches

Das Quellenmaterial zu semitischen Phonemkorrespondenzen zur Zeit des Mittleren Reiches besteht zunächst aus den sogenannten Ächtungstexten. Hierbei handelt es sich um ein Corpus aus mehreren Funden, die Herrscher- und Ortsnamen aus angrenzenden Regionen Ägyptens in hieroglyphischer Transkription nennen.[98] Diese befinden sich auf Keramikgefäßen und -statuetten.[99] Man nimmt an, dass die Zerstörung bzw. Vergrabung der Objekte als ritueller Schadenszauber bezüglich der genannten Rivalen zu verstehen ist.[100] Die Funde enthalten neben nubischen auch zahlreiche levantinische (offensichtlich semitische) Herrschernamen und ihre zugehörigen Toponyme.[101] Das relevante Material findet sich im Wesentlichen bei Sethe[102] (Funde aus Theben) und Posener[103] (Funde aus Sakkara) ediert.[104] Sie datieren in die 12. (teils womöglich 13.) Dynastie und somit auf das 19./18. Jh. v. Chr.[105] Die Edition Sethes enthält 19 und die Edition Poseners 69 levantinische Toponyme sowie zumeist Angaben über ihre Herrscher. Vervollständigt wird das maßgebliche Quellenmaterial zum Mittleren Reich mit der sogenannten Hayes-Liste, die unter knapp 100 Sklavennamen über 30 semitischen Ursprungs auflistet.[106] Man nimmt allgemein an, dass die im ausgewerteten Material enthaltenen semitischen Namen der Hayes-Liste nordwestsemitischen Ursprungs sind[107] bzw. die

---

98 Vgl. Wimmer: „Ächtungstexte", S. 33. S. auch Brovender: „Pre-Biblical Hebrew", Sp. 1561 und Theis: *Magie und Raum*, S. 65–87.

99 Vgl. Wimmer: „Ächtungstexte", S. 33 f.

100 Vgl. ebd., S. 34 und Brovender: „Pre-Biblical Hebrew", Sp. 1561.

101 Vgl. Helck: *Die Beziehungen Ägyptens zu Vorderasien* (1971), S. 45.

102 S. Sethe: *Ächtung feindlicher Fürsten*.

103 S. Posener: *Princes et pays d'Asie et de Nubie*.

104 Vgl. Wimmer: „Ächtungstexte", S. 33 f. sowie Brovender: „Pre-Biblical Hebrew", Sp. 1561.

105 So nach Wimmer: „Ächtungstexte", S. 33 f. Vgl. auch Helck: *Die Beziehungen Ägyptens zu Vorderasien* (1971), S. 45.

106 S. Albright: „Northwest-Semitic names" und Schneider: „Namen der syrischen Sklaven".

107 Vgl. Brovender: „Pre-Biblical Hebrew", Sp. 1561.

Namen der Ächtungstexte aus dem Raum „Syrien-Palästina“ stammen.[108] Von daher ist in jedem Falle von einer engen Verbindung zum nordwestsemitischen Raum auszugehen.

Tabelle 4 (s. Anhang) führt hierzu die ägyptisch-semitischen Phonemkorrelationen der Auswertung von Rössler[109] und Hodge[110] zum Mittleren Reich zusammen. Rössler[111] und Hodge[112] beziehen sich in ihrer Auswertung neben den Editionen von Sethe[102] und Posener[103] auf Helck (1962)[113] bzw. Helck (1971)[114], der ja bereits eine umfassende Sichtung und Deutung des Materials unternommen hatte (allerdings die zahlreichen Belege lediglich einzeln listet und interpretiert, jedoch nicht die systematischen phonemischen Korrelationen herausstellt). Neben den Ächtungstexten und der Hayes-Liste liegen noch weitere Quellen hieroglyphischer Transkriptionen aus dem Semitischen zur Zeit des Mittleren Reiches vor,[115] die jedoch in die genannten Untersuchungen nicht einflossen. Hodges Rekonstruktion zeichnet sich dadurch aus, dass sie unsichere Zuordnungen nicht listet.[116] Demgegenüber führt Rössler auch die schwankenden Schreibungen auf, also die weniger häufigen hieroglyphischen Schreibungen für bestimmte semitische Phoneme.[117] Die Phonemdarstellung wurde aus allen Referenzen von Tabelle 4 unverändert übernommen, die Reihenfolge der Phoneme in Spalte 1 entspricht wieder der traditionellen ägyptologischen Anordnung. Zu fehlenden Phonemkonkordanzen liegt kein Befund vor oder, was Hodge betrifft, wurden sie nicht als evident genug eingeschätzt. Im Übrigen geht Tabelle 4 nur auf die konsonantischen semitischen Phoneme ein, zur Wiedergabe semitischer Vokale durch ägyptische Zeichen(-gruppen) s. Kapitel 4.2.1.

108 Vgl. Wimmer: „Ächtungstexte“, S. 33.
109 S. Rössler: „Älteres Umschreibungssystem“, S. 225. Rössler geht auf die Befunde der Hayes-Liste allerdings nur am Rande ein und beschäftigt sich vornehmlich mit den Ächtungstexten.
110 S. Hodge: „The role of Egyptian within Afroasiatic“, S. 645–651.
111 S. Rössler: „Älteres Umschreibungssystem“, S. 218, Fußnote 1.
112 S. Hodge: „The role of Egyptian within Afroasiatic“, S. 649.
113 S. Helck: *Die Beziehungen Ägyptens zu Vorderasien* (1962), S. 49–68.
114 S. Helck: *Die Beziehungen Ägyptens zu Vorderasien* (1971), S. 44–67 sowie 77–81.
115 S. Sass: *Studia alphabetica*, S. 6.
116 S. Hodge: „The role of Egyptian within Afroasiatic“, S. 650.
117 S. Rössler: „Älteres Umschreibungssystem“, S. 225.

### 3.3.2 Ägyptisch-semitische Phonemkorrespondenzen in semitischen Eigennamen und Lehnwörtern des Neuen Reiches und der Dritten Zwischenzeit

Die Arbeit von Hoch[118] ist die bislang umfassendste und akribischste Untersuchung zu den semitischen Fremd- und Lehnwörtern im Ägyptischen zur Zeit des Neuen Reiches und wird dies vermutlich noch auf lange Sicht hin bleiben. Hoch fasst den Untersuchungszeitraum relativ weit und schließt die Dritte Zwischenzeit mit ein. Im Neuen Reich hielten in viel größerem Maße als noch im Mittleren Reich semitische Wörter Einzug ins Ägyptische.[119] Diese Entwicklung ist den intensivierten politischen Beziehungen im Zuge der ägyptischen Hegemonie über die Region Syrien-Palästina geschuldet[120] bzw. liegt in der palästinensisch-syrischen Interessenssphäre nach Ende der ägyptischen Großmachtstellung begründet.[121] Hoch klassifiziert die meisten der Belege eher als Fremdwörter denn als „echte" Lehnwörter.[122] Eigennamen berücksichtigt er aus methodischen Erwägungen heraus nur teilweise.[123] Er untersucht die semitischen Fremdwörter, die hauptsächlich aus dem Zeitraum des Neuägyptischen stammen (Hoch zufolge 1570–715 v. Chr.), was damit im Wesentlichen den Untersuchungszeitraum bestimmt.[124] Dabei werden Schultexte, Verwaltungsdokumente, historische Erzählungen, magische sowie religiöse Texte, Liebesgedichte und literarische Erzählungen ausgewertet.[125]

Hoch identifiziert für die „überwältigende Mehrheit" der von ihm untersuchten Wörter anhand phonologischer, morphologischer, lexikalischer und kultureller Gesichtspunkte eine Herkunft aus dem kanaanäischen Sprachzweig.[126] Aufgrund topographischer Belege und inhaltlicher Zusammenhänge schließt er auf israelitische (bzw. judäische), philistische sowie phönizische Ursprungsgegenden.[127] Hoch schätzt die phonologischen Ergebnisse als einen Beweis dafür ein, dass im Kanaanäischen ursprünglich ein größeres Phonemin-

---

118 S. Hoch: *Semitic words in Egyptian texts*. S. hierzu auch die kritischen Rezensionen, die die Ergebnisse Hochs in einzelnen Details revidieren: Quack: „Rezension zu James E. Hoch, Semitic words in Egyptian texts" sowie Vittmann: „Rezension zu James E. Hoch, Semitic words in Egyptian texts".

119 Vgl. Hoch: *Semitic words in Egyptian texts*, S. 4.

120 Vgl. ebd., S. 3.

121 Vgl. ebd., S. 483.

122 Vgl. ebd, S. 6.

123 Vgl. ebd, S. 6. Vgl. auch ebd., S. 461.

124 Vgl. ebd., S. 4.

125 Vgl. ebd., S. 475–478.

126 Vgl. ebd., S. 479.

127 Vgl. ebd., S. 483.

ventar existierte, als mit dem Althebräischen oder Phönizischen tatsächlich belegt ist.[128] In jedem Falle liegt in der Varianz der Befunde ein Indiz vor, dass innerhalb des großen Untersuchungszeitraumes Lautwandelprozesse im Gange waren, die mehrere Phoneme durch Phonemzusammenfall erfassten und noch nicht vollständig abgeschlossen waren. Hoch geht dem Befund entsprechend von 27–29 Phonemen in der kanaanäischen Dialektgruppe aus, wobei jedoch dieses Phoneminventar nicht in allen Dialekten vollumfänglich ausgebildet war.[129] Damit stimmt er nur zum Teil mit Moran überein, der für die kanaanäische Sprachgruppe ursprünglich einen dialektabhängigen Phonemumfang von 25–27 Phonemen annimmt.[130] Der Lautwandel, der durch Phonemzusammenfall zum späteren Lautsystem des Hebräischen (wie auch des Phönizischen) mit 22 Phonemen führte, soll Moran zufolge mit Verweis auf eine mutmaßlich kanaanäische Herkunft der ugaritischen „Alphabet-Tafel“ (RS 12.063=KTU 5.6) mit ihren 28 Phonemen erst nach 1400 v. Chr. eingetreten sein.[131] Vor dem Hintergrund der ugaritischen „Alphabet-Tafel“ als *terminus post quem* erscheinen Hochs Annahmen plausibel, da davon auszugehen ist, dass der Phonemzusammenfall sicherlich anfangs nicht alle Dialekte erfasste.

Hochs Ergebnisse lassen nur für einen Teil der semitischen Phoneme gesicherte Rückschlüsse auf deren phonetische Realisierung zu. Dies betrifft im Wesentlichen die Phoneme, deren phonetische Realisierung bereits in Tabelle 3 eine gewisse Varianz innerhalb des Nordwestsemitischen erkennen lassen bzw. in den später belegten Sprachen von einem Phonemzusammenfall erfasst wurden.[132] Von daher müssen Hochs Annahmen über die jeweiligen phonetischen Realisierungen des ermittelten Lautsystems hier nicht wiedergegeben werden, da keine Erkenntnisse über den Stand in Tabelle 3 hinaus gewonnen werden könnten. Die entsprechenden phonemischen Werte finden sich in Tabelle 4 übertragen.[133] Interessant sind auch die Rückschlüsse Hochs auf die phonetische Realisierung zur Zeit des Neuägyptischen,[134] die jedoch nicht auf die Zeit der Pyramidentexte übertragbar sind. Da wir mit den dargebotenen Vorschlägen einer rekonstruierten altägyptischen Phonologie in Tabelle 1 für dieses Thema schon gut gerüstet sind, bedürfen Hochs Annahmen für die Zeit des viel späteren Neuägyptischen hier keiner Behandlung.

---

128 Vgl. ebd., S. 484–486.

129 Vgl. ebd., S. 413. Nicht sicher belegbar ist die Existenz von distinktem /ḏ̣/ (= Phonemreflex von protosemitischem *ṣ́) und /ṯ̣/, s. ebd., S. 405 f.

130 Vgl. Moran: „The Hebrew language“, S. 58.

131 Vgl. ebd., S. 58 f.

132 S. Hoch: *Semitic words in Egyptian texts*, S. 401–413.

133 S. ebd., S. 431–437.

134 Vgl. ebd., S. 425–430.

Auch Allen beschäftigt sich mit den semitisch-ägyptischen phonemischen Korrespondenzen im Neuen Reich und gibt dabei im Wesentlichen die Ergebnisse Hochs wieder.[135] Allen gibt zwar vor, auch die Korrespondenzen des Mittleren Reiches abzudecken, im Ergebnis spiegelt die Konkordanz jedoch den Stand des Neuen Reiches wider. Es handelt sich hierbei allerdings nicht um eine reine Wiederholung von Hochs Konkordanz, denn Allen prüft kritisch dessen Ergebnisse und vertritt letztlich eine teils unterschiedliche Interpretation des Befundes.[136] Da die Häufigkeit der Korrespondenzen ausschlaggebend für die Aussagekraft der einzelnen Phonemzuordnungen ist, werden in Tabelle 4 die von Allen als marginale Schreibungen präsentierten Deutungen in runde Klammern gesetzt (wie auch in der Übertragung von Hochs Ergebnissen, wo die statistischen Werte jedoch hinsichtlich der Marginalität interpretationsfähig sind). Allen bietet eine gewisse Interpretation der phonetischen Realisierung auf semitischer Seite, diese weist jedoch keinerlei diachrone Perspektive auf, und kann daher auch nicht als evident gelten.[137]

In Tabelle 4 finden sich auch die Ergebnisse von Hodges Untersuchung der hieroglyphischen Transkriptionen des Neuen Reiches.[138] Hodge wertet hierzu den Befund bei Helck[139] aus und fasst diesen im Prinzip in eigener tabellarischer Anordnung nochmals zusammen, wobei seine Interpretation kleinere Unterschiede zur Darstellung bei Helck enthält. Hodge konnte Hochs Arbeit noch nicht kennen, die erst vier Jahre später erschien. Interessant ist daher, dass Hodge abgesehen von den marginalen (in Tabelle 4 in runde Klammern gesetzten) Schreibungen im Wesentlichen zu keinen anderen Interpretationen gelangt als Hoch. Einzige Ausnahme hierzu bildet die Interpretation von *z* als /θ/, /š/ und /ś/, womit Hodge auch von Helck abweicht.[140] Hoch hingegen (wie offensichtlich auch Helck) sieht die Schreibung von *z* lediglich als Varianz zu *s* (wie auch sonst in der Schreibung ägyptischer Wörter belegt) und subsumiert daher die Deutung von *z* unter *s*.[141] Hodges wie auch Helcks Übersicht zum Neuen Reich zeichnet sich noch dadurch aus, dass die Phonemkorrelationen daraufhin untersucht werden, ob sie an Wortgrenzen oder in der Wortmitte auftreten.

135 S. Allen: *Egyptian language*, S. 31–33.
136 S. hierzu besonders ebd., S. 205 f., Fußnote 3.
137 S. ebd., S. 205 f., Fußnote 3.
138 S. Hodge: „The role of Egyptian within Afroasiatic", S. 645 und 649 f.
139 S. Helck: *Die Beziehungen Ägyptens zu Vorderasien* (1971), S. 536–538.
140 Vgl. ebd., S. 538.
141 S. hierzu Hoch: *Semitic words in Egyptian texts*, S. 505.

### 3.3.3 Ägyptische Lehnwörter im Althebräischen

Abgerundet wird das Thema der ägyptisch-semitischen Phonemkorrespondenzen durch die Analyse der ägyptischen Lehnwörter im Althebräischen, die hier nur als knappe Exkursion verstanden werden soll. Lange Zeit war die maßgebliche Untersuchung in diesem Bereich Lambdins Studie, in der ältere Vorschläge gesammelt und teils neu bewertet werden.[142] Nicht nur Hodge, auch Hoch rekurriert auf Lambdin. Hodge hat die zahlreichen Einzelbelege bei Lambdin analysiert und die systematischen Korrelationen herausgestellt,[143] sie sind ebenfalls in Tabelle 4 aufgeführt. Aus dem Befund selbst lassen sich keine fundierten Rückschlüsse auf die Ausgangsfragestellung gewinnen, da lediglich eine Auswahl von 46 gesicherten bzw. vermuteten Lehnwörtern untersucht werden. Deren Übernahme ins Kanaanäische bzw. Hebräische fand vermutlich zur Zeit des Mittleren bzw. Neuen Reiches statt. Für keines der Lexeme konnte eindeutig ein Entlehnungszeitpunkt vor dem Mittleren Reich bestimmt werden. Dies deckt sich mit den intensivierten politischen Beziehungen zwischen beiden Regionen ab dem Mittleren Reich,[144] also der Epoche, aus der die Ächtungstexte sowie die Hayes-Liste stammen. Die Belege sind vor dem Hintergrund einer möglichen mündlichen Tradierung insofern problematisch, als eine längere mündliche Tradierung vor der ersten schriftlichen Fixierung immer eine Gefahr lautlicher Veränderungen in sich birgt. Von daher kann der Befund lediglich dazu dienen, bei übereinstimmenden Phonemkorrelationen die sonstigen Ergebnisse aus der Analyse der semitischen Korrespondenzen zu stützen. Deshalb ist es erfreulich, dass der Einbezug in Tabelle 4 überwiegend Korrelationen erkennen lässt, die auch von der Perspektive der anderen ägyptisch-semitischen Korrespondenzen des Mittleren und Neuen Reiches belegt sind. Da wir nun eine ausreichende phonologische Datenbasis zum Altägyptischen und Nordwestsemitischen vorliegen haben, können wir anhand dessen Steiners Konkordanz einer kritischen Überprüfung unterziehen.

142 S. Lambdin: „Egyptian loan words". Inzwischen sind zu diesem Thema auch erschienen: Noonan: *Non-Semitic loanwords in the Hebrew Bible* sowie Breyer: *Ägyptische Namen und Wörter*, die jedoch beide kritisch gelesen werden müssen und für diese Studie nicht mehr ausgewertet werden konnten.

143 S. Hodge: „The role of Egyptian within Afroasiatic", S. 645.

144 S. hierzu Helck: *Die Beziehungen Ägyptens zu Vorderasien* (1971), S. 42 f. und 87.

# 4. Plausibilität der Transkription und Übersetzung Steiners

## 4.1 Phonologische Konkordanz

Tabelle 5 (s. Anhang) enthält eine Konkordanz semitischer Phoneme und ihrer Korrelation zu den ägyptischen Graphonemen nach Steiners Interpretation der fraglichen Schlangensprüche. Die Umschreibung semitischer Langvokale ist in die Tabelle miteinbezogen, auch wenn darauf erst im Kapitel 4.2.1 genauer eingegangen wird. Die Tabelle ist in dieser Form nicht Steiners Publikation entnommen, sondern beruht auf seinen Transkriptionen sowie den entsprechenden Ausführungen zur ägyptischen Phonologie.[1] Nachfolgend wird jede Phonemkorrelation Steiners aus Tabelle 5 der Reihe nach besprochen und dem Befund aus Tabelle 1–4 gegenübergestellt (ägyptisches Graphonem → semitisches Phonem). Dabei wird auf die (konsonantische) phonetische Realisierung im Ägyptischen und Nordwestsemitischen, auf die Phonemkorrespondenzen des Mittleren und Neuen Reiches, die ägyptischen Lehnwörter im Althebräischen sowie die Lautentwicklung innerhalb des Nordwestsemitischen eingegangen. Zum besseren Verständnis der ägyptischen Lautrekonstruktion wird auch auf die Ermittlung der altägyptischen Lautwerte über afroasiatische sowie semitische Kognaten bzw. über das Koptische Bezug genommen. Zudem wird bei Bedarf auch auf die methodischen Erwägungen einzelner Rekonstruktionen eingegangen, um deren Stichhaltigkeit für die Ausgangsfragestellung besser einordnen zu können.

### 4.1.1 ꜣ → /r/

Die Korrelation ꜣ → /r/ tritt bei ꜣꜣꜣ ‚Rīr-Rīr' und bei *iꜣi* = * *ʾary* ‚Löwe' auf. Für das frühe Nordwestsemitische kann man wohl allgemein von einer Realisierung /r/ → [r] ausgehen. Allerdings ist die genaue phonetische Realisierung von ꜣ im Altägyptischen unklar. ꜣ wird je nach Modell mit „r-haltigen" Lauten ([r], [ʀ]) und/oder mit einem „l-haltigen" Laut ([l]/[ɫ]), teils auch mit [ʔ] und [j] assoziiert. Die phonematische Ambivalenz bzw. allophonischen Verhältnisse von ꜣ sind nur indirekt greifbar und werden innerhalb der Ägyptologie

1 S. Steiner: *Semitic serpent spells*, S. 28–52 und S. 59–76.

mit unterschiedlichen Ergebnissen in die Zeit des Altägyptischen projiziert. Die Affinität von *ꜣ* zu den Liquiden stützt sich auf semitische Kognaten, schwankende Schreibungen zwischen ⟨ꜣ⟩[2] einerseits sowie ⟨ꜣn⟩, ⟨n⟩, ⟨r⟩ und ⟨nr⟩ andererseits und die Wiedergabe semitischer Namen in den Ächtungstexten.[3] Bezüglich der Kognaten ermittelt Takács[4] *ʾ als semitischen sowie afroasiatischen Kognaten zu altägyptischem *ꜣ* (neben *r und *l), teilweise weist der Kognat eine Leerstelle auf (*∅).[5] Zu einem ähnlichen Schluss kommt auch Allen, indem als Kognaten primär *r, zudem noch *l und *ʔ identifiziert werden.[6] Neben *ꜣ* werden je nach Modell meist sowohl „r-haltige" Laute ([r], [ʀ], [ɾ], [ɹ]) als auch [l] ebenfalls mit dem Graphonem *r* assoziiert (s. 4.1.8: *r* → /r/).

Überwiegend wird angenommen, dass [l] im Schriftbild durch ⟨ꜣ⟩, ⟨ꜣn⟩, ⟨n⟩, ⟨r⟩ und ⟨nr⟩ ausgedrückt wird (jedoch weisen nur Edel, Rössler und Allen explizit auf die diesbezüglichen Graphonemkombinationen hin),[7] während *r* auch „r-haltige" Laute repräsentiert (teils wird dies auch für *ꜣ* vorausgesetzt). /l/ ist Allen zufolge erst ab dem Demotischen[8] „konsistent" phonemisch belegt,[9] wohingegen Kammerzell /l/ bereits für das Altägyptische als distinktes Phonem

2 ⟨Graphonem(e)⟩ meint die Schreibung mit einem bestimmten Graphonem oder einer bestimmten Graphonemkombination.

3 Vgl. Satzinger: *Das ägyptische «Aleph»-Phonem*, S. 2. S. auch Allen: *Egyptian language*, S. 39. S. hierzu auch Satzinger: *Das ägyptische «Aleph»-Phonem*, S. 4–15.

4 Es muss bezüglich der Kognaten bei Takács beachtet werden, dass dessen Ansatz zur Bestimmung der Kognaten eindeutig auf die Untermauerung des traditionellen Systems ausgerichtet ist und stark kritisiert wird, s. hierzu zum Beispiel Quack: „Zur Stellung des Ägyptischen". Dennoch werden in dieser Arbeit Takács' Kognaten neben den von Allen ermittelten Kognaten angegeben, um die Unterschiede zwischen der traditionellen und neueren Komparatistik auch auf dieser Ebene besser erfassen zu können. Es ist bezüglich der Rekonstruktion des Proto-Afroasiatischen zu beachten, dass neben den großen zeitlichen Unterschieden in der Überlieferung der Einzelsprachen im afroasiatischen Sprachvergleich auch Phänomene des Sprachkontaktes zu berücksichtigen sind, die eine genaue Identifizierung der im Sprachkontakt übernommenen phonologischen, morphologischen oder syntaktischen Merkmale einzelner Sprachen in den meisten Fällen unmöglich machen, vgl. Frajzyngier/Shay: „Introduction", S. 7. Deshalb, und auch wegen der enormen Entwicklungstiefe des Afroasiatischen, ist die Rekonstruktion des proto-afroasiatischen Lexikons und Phon(em)inventars schwierig und führt in der Forschung zu widersprüchlichen Resultaten. Zum Stand hierzu s. zum Beispiel ebd., S. 9 f. und Kausen: *Sprachfamilien der Welt*, Bd. 2, S. 19–23.

5 Vgl. Takács: *Etymological dictionary*, Bd. 1, S. 274.

6 Vgl. Allen: *Egyptian language*, S. 39.

7 S. hierzu auch Edel: *Altägyptische Grammatik*, Bd. 1, S. 57 f.

8 Das Demotische ist die letzte Sprachstufe des vorchristlichen Ägyptens und hat sich direkt aus dem Neuägyptischen entwickelt. Texte mit demotischer Schrift treten ab ca. 650 v. Chr. in Erscheinung, vgl. Allen: *Middle Egyptian*, S. 2.

9 Vgl. Allen: *Egyptian language*, S. 52. S. auch Osing: „Lautwert von *ꜣ* und *ʿ*", S. 225.

(*r* → /l/) betrachtet. Loprieno wiederum geht davon aus, dass sich protoägyptisches *l im Altägyptischen dialektal mit phonemischem Status erhalten hat, während es im schriftbildenden Dialekt mit anderen Sonoranten zusammenfiel.[10] Demnach betrachtet Loprieno (wie auch Rössler) /l/ im Sinne eines graphemisch mehrwertigen Graphonems durch *ꜣ*, *j*, *n* und *r* repräsentiert (bei Rössler auch durch ꜥ), während Edel, Takács und Allen [l] als Allophon von *ꜣ*, *n* und *r* ausmachen (bei Allen ggf. auch als [ɫ] realisiert). Peust hingegen sieht den nicht näher definierten Liquiden /l/ nur durch *r* repräsentiert.

Ab dem Neuen Reich vollzog *ꜣ* einen vollständigen Lautwandel, bei dem es sich meist zu /ʔ/ und /y/ wandelte, ansonsten zu /l/ und /r/, oder es entfiel (Ø).[11] Die semitischen bzw. afroasiatischen Kognaten und die Unklarheit, welche später belegten lautlichen Realisierungen auf die Zeit des Altägyptischen rückübertragbar sind, haben zu widersprüchlichen Interpretationen für das Altägyptische geführt. Takács nimmt für *ꜣ* eine Allophonie von [r] und [l] an, ggf. auch für [ʔ]. Für Edel „entspricht der Laut *ꜣ* wahrscheinlich dem festen Stimmeinsatz,“[12] er stellt aber auch einen Lautwandel *ꜣ* > *j* bzw. *ꜣ* > Ø fest.[13] Ein bereits während des Altägyptischen im Gang befindlicher Lautwandel *ꜣ* > Ø deutet sich Edel zufolge womöglich in der häufigen Weglassung von ⟨ꜣ⟩ an den Wortgrenzen an, der Lautwandel *ꜣ* > *j* in der gelegentlichen Ersetzung von ⟨ꜣ⟩ durch ⟨j⟩.[14] Dies legt nahe, dass er wegen des Lautwandels *ꜣ* > *j* von einer Allophonie [ʔ, j] (neben Ø an den Wortgrenzen und der liquiden allophonischen Entsprechung [l]) ausgeht. Ähnlich setzt auch Allen einen Lautwandel *ꜣ* > *[ʔ] > Ø und *ꜣ* > *[ʔ] > [j] voraus und erweitert dadurch die Allophonie des Modells bezüglich *ꜣ* für das Altägyptische um [ʔ, j] (neben Ø).[15] Er deutet *ꜣ* jedoch primär als /l/ → [ɫ/l], Kammerzell hingegen nur als /r/ → [r] (ohne Allophonie). Auch Peust weist *ꜣ* nur einen „r-haltigen“ Laut zu (/$r_1$/ in Abgrenzung zu *r* als /$r_2$/), ohne diesen genauer zu definieren. Zu einem ganz anderen Schluss gelangen Rössler und Loprieno, die *ꜣ* als phonemisch mehrwertiges Graphonem betrachten und diesem sowohl /l/ als auch /r/ bzw. /ʀ/ zuordnen. Insgesamt betrachtet assoziieren die verschiedenen Rekonstruktionen *ꜣ* teils mit einem „r-haltigen“ Phonem. Dies stellt eine Grundvoraussetzung dar, um Steiners Korrelation *ꜣ* → /r/ eine ausreichende Gültigkeit zu verleihen, obwohl für *ꜣ* auch andere phonetische Realisierungen möglich wären.

10 Vgl. Loprieno: „Egyptian and Coptic phonology“, S. 436.
11 Vgl. Allen: *Egyptian language*, S. 41. S. auch Peust: *Egyptian phonology*, S. 127–132. Vgl. aber Osing: „Lautwert von *ꜣ* und ꜥ“, S. 224.
12 Edel: *Altägyptische Grammatik*, Bd. 1, S. 58.
13 Vgl. ebd., S. 58 f.
14 Vgl. ebd., S. 58–60.
15 Vgl. Allen: *Egyptian language*, S. 40 f.

Die Korrelation von semitischem /r/ sowohl mit *ꜣ* als auch mit *r* spiegelt sich auch in den Phonemkorrespondenten des Mittleren Reiches wider, wo in älterer Zeit *ꜣ* und in jüngerer Zeit vornehmlich *r* semitisches /r/ wiedergibt.[16] Dass *ꜣ* ab dem Neuen Reich nicht mehr zur Wiedergabe semitischer Konsonanten genutzt wurde, sondern zur Umschreibung von Vokalen, kann man als klares Indiz eines Lautwandels sehen.[17] Lambdin bietet aus dem Befund der ägyptischen Lehnwörter im Althebräischen nur ein Beispiel, welches die Assoziation von *ꜣ* mit semitischem /r/ stützt. Der Entlehnungszeitpunkt wird von Lambdin vergleichsweise früh eingeschätzt (spätestens zum Mittleren Reich): *zɛrɛṯ* ‚Spanne' < *ḏꜣ.t* < *ḏr.t* ‚Hand'[18] (die Evidenz dieses Beispiels darf jedoch als fraglich gelten).

Der semitische Korrespondent /r/ stützt die Korrelation *ꜣ* → /r/, wie von Steiner vorgeschlagen. Sie ist für das Altägyptische vom phonologischen Standpunkt her möglich, obwohl eine Assoziation mit *r* ebenfalls möglich wäre. Ein bereits für das Altägyptische indizierter, jedoch nur in Ansätzen erkennbarer Lautwandel von *ꜣ* könnte darauf hinweisen, dass die Allophonie liquider Qualität gegenüber der Allophonie glottaler sowie palataler Qualität noch vorherrschend war, was die Korrelation *ꜣ* → /r/ durchaus erhärtet. Da Steiners Interpretation der Schlangensprüche semitisches /r/ ambivalent auch mit *r* wiedergibt, wird dies im Abschnitt *r* → /r/ weiter besprochen.

### 4.1.2 *j* → /ʾ/, /y/

Steiner weist dem ägyptischen Graphonem *j* zwei semitische Phoneme zu: /ʾ/ und /y/. Für das Altägyptische bieten die Rekonstruktionen bezüglich *j* aufgrund unklarer Verhältnisse kein einheitliches Bild.[19] Die afroasiatischen bzw. semitischen Kognaten zu ägyptischem *j* erweisen sich nach Takács eher indifferent als *w, *j, *ʾ, *r und *l[20] (bei Allen nur als *ʔ und *y),[21] während im

16 S. Helck: *Die Beziehungen Ägyptens zu Vorderasien* (1971), S. 85. Vgl. aber Rössler, s. Tabelle 4.

17 Fraglich ist Satzingers statistisch ermittelte Annahme, wonach *ꜣ* im Alten Reich nicht zur Umschreibung nubischer Konsonanten, sondern als Vokaltranskription benutzt wurde, s. Satzinger: *Das ägyptische «Aleph»-Phonem*, S. 3 f. Hierin ließe sich ebenfalls ein angedeuteter Lautwandel sehen. Quack zweifelt diesbezüglich die Ergebnisse Satzingers jedoch an, s. Quack: „*kft3w* und *i3śy*", S. 76, Fußnote 8.

18 Vgl. Lambdin: „Egyptian loan words", S. 149 f., s. v. *zeret*. Hodge wertet das mittlere ägyptische Graphonem vermutlich wegen der graphemischen Varianz *ꜣ* < *r* als *r* anstatt *ꜣ* aus.

19 Ein kurzer Überblick zur Forschungsgeschichte findet sich bei Peust: *Egyptian phonology*, S. 49 f. sowie Peust: „Schilfblatt-Hieroglyphe", S. 89.

20 Vgl. Takács: *Etymological dictionary*, Bd. 1, S. 263.

21 Vgl. Allen: *Egyptian language*, S.37.

Koptischen sowohl [ʔ] als auch [j] Reflexe des altägyptischen *j* darstellen.[22] Die Interpretationen von *j* zeichnen sich bei Edel, Takács, und Allen durch die Annahme einer Allophonie glottaler ([ʔ]) sowie palataler ([j]) Qualität aus; nach den Modellen von Edel und Allen konnte *j* in der phonetischen Realisierung teilweise auch entfallen (∅). Rössler hingegen identifiziert *j* als phonemisch mehrwertiges Graphonem des „palatalen Systems“[23] und bietet hier das breiteste Spektrum phonematischer Ambivalenz. *j* subsumiert demnach die stimmhaften palatalen Gegenphoneme /ɟ/ → [ɟ] und /j/ → [j] der sechsten bis achten, velar-pharyngalen Triaden, die „schwächere Lautgestalt“ des „palatalverwandten“ [ʀ] (als Allophon von /l/), den Glottisverschlusslaut /ʾ/ und den palatalen Halbkonsonanten /y/.[24] Den Widerspruch einer glottalen Qualität innerhalb eines palatalen Systems löst Rössler durch die Annahme einer „spontanen Palatalisierung“ /ʾ/ → [ʔʲ] auf,[25] was ohne sprachhistorischen Beleg verbleibt und die teilweise Abkoppelung des Rössler'schen Systems von der sprachhistorischen Realität durch systemimmanente Zwänge gut illustriert. Den Vorschlägen Rösslers teilweise folgend geht Kammerzell für *j* von den palatalen Phonemen /ɟ/, und /j/ (neben /j/) aus, während Loprieno einerseits /j/ → [j] (nur an der vorderen Wortgrenze sowie nach betontem Vokal) und andererseits /l/ → [l] für *j* annimmt. Peusts Modell sieht hier als einziges Modell keine Allophonie oder ein phonemisch mehrwertiges Graphonem vorliegen, sondern nach der ursprünglichen Interpretation einzig den Halbvokal [j].[26] Diese Sicht wurde von Peust inzwischen verworfen; stattdessen wird *j* nur als /ʔ/ interpretiert.[27] Als grobe Tendenz lässt der Querschnitt durch die untersuchten Rekonstruktionen erkennen, dass die Assoziation mit Palatalen oder dem Glottisverschlusslaut die wahrscheinlichste Deutung von *j* bietet.

/ʾ/ besitzt innerhalb des Nordwestsemitischen eine konsistente phonetische Realisierung: /ʾ/ → [ʔ]. Grundsätzlich scheint es aber möglich, je nach Modell semitisches [ʔ] sowohl mit *j* als auch mit *ꜣ* sowie *r* in Zusammenhang zu bringen: Edel und Allen übertragen die Allophonie [j, ʔ] von *j* auch auf *ꜣ* (Takács nur hinsichtlich [ʔ]). Während Edel zudem eine Allophonie dieser glottalen und palatalen Qualität für *r* (neben dessen liquider Qualität) gegeben sieht, setzt Rössler für *r* eine phonematische Ambivalenz voraus, die sich in zwei rein palatalen Phonemen (/ɟ/ und /j/) und einem glottal-palatalen Phonem (*r* als

22 Vgl. ebd., S. 37 f.
23 Vgl. Rössler: „Das Ägyptische als semitische Sprache“, S. 301.
24 Vgl. ebd., S. 301.
25 S. ebd., S. 301.
26 S. Peust: *Egyptian phonology*, S. 49 f. und 142.
27 S. Peust: „Schilfblatt-Hieroglyphe“.

/ʾ/ → [ʔ, $ʔ^{j}$]) gegenüber der primär liquiden Qualität von *r* manifestiert. Darüber hinaus interpretiert Allen *r* allophonisch unter Einbezug von [ʔ] am Silbenende, jedoch ohne palatales Allophon. Aus den allophonischen palatalen Verhältnissen verschiedener Graphoneme leitet er ab, dass der Halbvokal [j] im Altägyptischen noch keinen phonemischen Status besaß.[28] Obwohl also nach Edel und Allen ggf. auch eine Assoziation von [ʔ] mit *ꜣ* und *r* möglich wäre, wird Steiners Interpretation *j* → /ʾ/ vom Befund des Mittleren und des Neuen Reiches gestützt, wo *j* durchgängig der Wiedergabe von semitischem /ʾ/ dient. Die ägyptischen Lehnwörter im Althebräischen ergeben ein indifferentes Bild. Bei Lambdin korreliert ʾÅlɛp̄ mehrmals mit ägyptischem *j*, daneben jedoch auch jeweils einmal mit *ʿ* und *t*. Im Vergleich zur stichhaltigeren Evidenz des semitischen Korrespondenten /ʾ/ zu ägyptischem *j* fällt dies jedoch sicherlich weniger stark ins Gewicht, auch lässt der phonologische Befund die Zuordnung *j* → /ʾ/ plausibel erscheinen.

Die Zuordnung *j* → /y/ ist nicht ganz unproblematisch. Die einheitliche Realisierung /y/ → [j] innerhalb des frühen Nordwestsemitischen lässt auf semitischer Seite keinen Raum für andere phonetische Deutungen. Dies könnte auf ägyptischer Seite im palatalen Spektrum neben [j] allenfalls noch mit der Rössler'schen Interpretation als [ʝ] korrelieren, wohingegen eine Assoziation mit dem von Rössler vorausgesetzten Palatal [ɟ] aufgrund dessen plosiver Qualität unwahrscheinlich erscheint. Die kontroverse Deutung von *j* und die kontroverse Zuordnung einer palatalen Allophonie bzw. phonematischen Ambivalenz innerhalb der Ägyptologie lässt je nach Modell eine Assoziation des fraglichen palatalen Spektrums mit *ꜣ*, *j* und *r* zu (nach Kammerzell ggf. auch mit *ḫ* und *ḏ* als /ʝ/ → [ʝ/ɟ͡ʝ]). Neben *j* muss noch ⟨y⟩ (𓇌 in Doppelsetzung von 𓇋 ⟨j⟩) als graphemische Variante zu ⟨j⟩ Berücksichtigung erhalten.[29] ⟨y⟩ bezeichnet Edel, Rössler, Loprieno und Allen zufolge gegenüber dem phonemisch bzw. phonetisch mehrdeutigen *j* eindeutig den palatalen Halbvokal [j] (bei Takács und Kammerzell wurde ⟨y⟩ als bloße graphemische Variante von ⟨j⟩ schlichtweg nicht berücksichtigt). Insgesamt betrachtet ist den konsultierten ägyptologischen Modellen gemein, dass sie ausnahmslos den Halbvokal [j] in eine palatale Deutung von *j* einbeziehen und ebenfalls für ⟨y⟩ (soweit berücksichtigt) [j] annehmen, wohingegen *ꜣ* und *r* nur teils eine palatale Interpretation erhalten. Steiners Interpretation von *j* → /y/ wäre demnach zwar wahrscheinlich, die

28 Vgl. Allen: *Egyptian language*, S. 52.

29 Während Allen zufolge die graphemische Variante ⟨y⟩ im Altägyptischen „selten" /j/ repräsentiert, wird Edel zufolge im Wortinnern „öfters" ⟨y⟩ (anstatt ⟨j⟩) und im Auslaut „oft" ⟨y⟩ (anstatt ⟨j⟩) benutzt. Edel sieht über die Ächtungstexte die Schreibung ⟨y⟩ in starkem Zusammenhang mit [j], vgl. ebd., S. 53 und Edel: *Altägyptische Grammatik*, Bd. 1, S. 60 f.

phonetische Qualität von *j* ist durch die Allophonie bzw. phonemische Ambivalenz jedoch nicht eindeutig.

Obschon die orthographischen Konventionen für das Ägyptische im Wortanlaut kein ⟨y⟩ vorsehen,[30] ist in den Ächtungstexten des Mittleren Reiches und im Neuen Reich semitisches /y/ stets mit ⟨y⟩ ausgedrückt (auch im Wortanlaut). Sowohl *j* als auch *y* tritt in den nubischen Namen der Ächtungstexte des Alten Reiches auf (s. Kapitel 4.2.1), die Phonemkorrelationen sind allerdings vor dem Hintergrund der fehlenden Kenntnisse über die Ausgangssprache nicht klar. Die ägyptischen Lehnwörter im Althebräischen lassen einen engeren Zusammenhang zwischen ägyptischem *j* und Yōḏ erkennen (*dəyō* < *ry.t* ‚Tinte'; *yəʾōr* < *j*(*t*)*rw* ‚Nil').[31] Grundsätzlich ist der Lautwert von *j* nicht eindeutig, und die Ächtungstexte des Mittleren Reiches widersprechen einer Korrelation mit semitischem /y/. Nichtsdestoweniger lassen die nubischen Namen in den Ächtungstexten keine gesicherten Rückschlüsse auf einheitliche orthographische Konventionen zur Fremdwortschreibung im Alten Reich zu, so dass Steiners Zuordnung *j* → /y/ durchaus möglich ist.

#### 4.1.3 ʿ → /ʿ/

Das Graphonem ʿ offenbart in besonderer Weise die Diskrepanz zwischen der traditionellen und der neueren Komparatistik. Während auf semitischer Seite das Phonem /ʿ/ unzweifelhaft [ʕ] repräsentiert, wird bezüglich des Altägyptischen ʿ bis heute die Interpretation als [ʕ] oder [d] kontrovers diskutiert. Die neuere Komparatistik basiert in dieser Sache auf Rösslers Vorschlag, semitisches *d als kognat zu ägyptischem /ʿ/ zu betrachten. Rössler fußt in dieser Sache einerseits auf Wurzelinkompatibilitäten von /ʿ/ mit /z/, /s/, /t/ und /d/ innerhalb des Ägyptischen[32] sowie andererseits auf kognaten ägyptisch-semitischen Wortgleichungen mit einer Korrelation von semitischem /d/ und ägyptischem /ʿ/.[33] Er begründet dies mit dem Zusammenfall des „stimmhaften Vertreter[s] der Dental- und Zischlautreihen" des ererbten afroasiatischen Lautbe-

30 Vgl. ebd., S. 61.

31 S. Lambdin: „Egyptian loan words", S. 149, s. v. *dəyô* sowie S. 151, s. v. *yəʾōr*. Dass Hodge die Korrelation zwischen ägyptischem *j* und semitischem /y/ überhaupt nicht berücksichtigt, mag einerseits an der etwas unsicheren Etymologie von *dəyō* liegen. Andererseits scheint Hodge Lambdins Transkription von ägyptischem /j/ als /ʾ/ (vermutlich aufgrund dessen häufiger glottaler Qualität) überhaupt nicht verstanden und als /ꜣ/ missgedeutet zu haben. Eine Korrelation von ägyptischem *ꜣ* und semitischem /y/, wie von Hodge suggeriert, bietet sich im Befund bei Lambdin schlichtweg nicht. Die Herleitung *ʾɛḇyōn* ‚dürftig' < *bjn* ‚schlecht' (s. ebd., S. 145 f., s. v. *ʾebyōn*) dürfte inzwischen als widerlegt gelten, s. Quack: „Zu den vorarabischen semitischen Lehnwörtern", S. 310.

32 S. Rössler: „Das Ägyptische als semitische Sprache", S. 275–277.

33 S. ebd., S. 285 f.

standes zu ʿ→ [d] im Ägyptischen.[34] Er sieht auch *l als semitischen Kognaten zu ʿ, wodurch sich das Graphonem ʿ um das Phonem /l/ erweitert.[35] Erst ab dem Mittleren Reich ist aufgrund der eindeutigen Wiedergabe von semitischem [ʕ] durch ʿ für ägyptisches /ʿ/ sicher ein Pharyngal anzunehmen.[36] Auch bei Einschätzung der Ergebnisse aus den Wurzelanalysen und den semitischen Kognaten als evident lässt sich der endgültige Abschluss eines angenommenen Lautwandels *d > /ʕ/ nicht sicher der vorgeschichtlichen Zeit oder erst dem Alten Reich zuordnen.[37]

Im Gegensatz zu Rösslers Hypothese lassen sich nach Allen semitische Kognaten ermitteln, die eine Affinität von ägyptischem ʿ neben semitischem *d und *l auch zu *ʿ und *ḏ aufzeigen.[38] Im Koptischen ist altägyptisches ʿ mit dem *glottal stop* zusammengefallen[39] (dessen Status als Phonem im Koptischen umstritten ist);[40] in einigen Lexemen variiert altägyptisches ʿ mit neuägyptischem bzw. koptischem /d/ und /t/, was Allen als dialektale Varianten bzw. Beibehaltung der ursprünglichen Lautwerte (/d/ < *d bzw. /t/ < /d/ < *d) gegenüber der maßgeblichen Entwicklung /ʕ/ < /d/ interpretiert.[41] Aus dem Befund der Sprachgeschichte und der semitischen Kognaten leitet die neuere Komparatistik unterschiedliche Schlüsse für ʿ ab. Allen geht von einem Phonem aus, dessen Lautwandel [d] > [ʕ] im Altägyptischen noch nicht abgeschlossen war, so dass beide Varianten auftraten; [d] blieb demnach dialektal noch teils erhalten (ggf. in emphatischer Variante: [dˤ], [d']).[42] Kammerzell und Loprieno als weitere Vertreter der neueren Komparatistik bauen ihre Annahmen zu ʿ auf Rösslers Theorem auf. Kammerzell geht für das Ägyptische von einen afroasiatischen Protophonem *d aus, das im Altägyptischen noch die Realisierung [d] aufwies.[43] Auch Loprieno folgt Rössler und konstatiert

34 Ebd., S. 276. S. hierzu auch ebd., S. 265–269. Man fügt der Rössler'schen Idee sicher kein Unrecht zu, „semitisch" hier als „afroasiatisch" zu abstrahieren.

35 Vgl. ebd., S. 302 und 313.

36 S. hierzu Allen: *Egyptian language*, S. 42 und Kammerzell: „Graphemsprachliche Varianz", S. 62.

37 S. ebd., S. 69. Vgl. aber Peust: *Egyptian phonology*, S. 99–102.

38 Vgl. Allen: *Egyptian language*, S. 42.

39 Vgl. ebd., S. 42.

40 S. Peust: *Egyptian phonology*, S. 96 f. und 205–208.

41 Vgl. Allen: *Egyptian language*, S. 42 und 52. S. auch Kammerzell: „Graphemsprachliche Varianz", S. 62.

42 Vgl. Allen: *Egyptian language*, S. 42 f.

43 Vgl. Kammerzell: „Sounds of a dead language", S. 26–29, insbesondere S. 29.

einen Zusammenfall von *d, *z und *d̲ der afroasiatischen apikalen sowie dentalen Reihen[44] zu /d/, welches sich Loprienos Meinung nach erst zum Neuägyptischen hin zu [ʕ] wandelte.[45] Peust folgt ebenfalls Rösslers Modell und datiert den Übergang [d] > [ʕ] auf ca. 2000 v. Chr.[46]

Der Widerspruch der traditionellen Komparatistik zu diesen Ergebnissen zeigt sich unter anderem bei Osing, wo Rösslers[47] und Kammerzells[48] ägyptisch-semitischen Wortgleichungen zum Nachweis von [d] als phonetische Qualität von /ʿ/ abgelehnt werden.[49] Daneben arbeitet Takács zur Stützung des traditionellen Ansatzes die Interpretation von ägyptischem /ʿ/ → [ʕ] durch Ermittlung von Wortgleichungen mit afroasiatischem bzw. semitischem *ʿ (neben *ġ) als Kognaten zu ägyptischem ʿ auf breiter afroasiatischer Basis heraus[50] und weist Rösslers Annahmen sowie die Annahmen Rösslers „Schule" zum ägyptischen „ʿ-Problem" scharf zurück.[51] Dementsprechend zeichnet sich die traditionelle Komparatistik bei Edel und Takács durch die einheitliche Interpretation von /ʿ/ → [ʕ] aus. Dies steht im Gegensatz zur neueren Komparatistik, wo allgemein [d] angenommen wird. So wenig sich die Positionen der traditionellen und der neueren Komparatistik zu ʿ bislang angenähert haben, so wenig kann an dieser Stelle der Deutung als [ʕ] oder [d] der Vorzug gegeben werden.

Die ägyptischen Lehnwörter im Hebräischen zeigen interessanterweise eine Korrelation von ägyptischem ʿ zu hebräischem ʿAyin (*parʿōh* < *pr-ʿꜣ* ‚Pharao'; *šaʿaṭnēz* ‚Wolle', ‚Leinen' < **šʿd-nd̲* < *šʿd* ‚schneiden', *nd̲* ‚Faden'[52] (bezüglich *šaʿaṭnēz* kann diese Etymologie als zweifelhaft gelten); jedoch auch zu ʾĀlɛp̄ (*ʾā̆ḥ* < *ʿḫ* ‚Feuertopf').[53] Dies erinnert an den Lautwandel [ʕ] > [ʔ], der ab dem römischen Demotisch fassbar ist[54] und an die Schwächung bzw. den Schwund der Pharyngale (sowie Laryngale) im Mittelhebräischen.[55] Ein konkretes Erklärungsmuster für den Wandel [ʕ] > [ʔ] bei *ʾā̆ḥ* < *ʿḫ* lässt sich hieraus zwar nicht ableiten, doch lässt es eine gewisse universelle Tendenz innerhalb des pharyngalen Bereichs zu einem Lautwandel erkennen. Während also im Falle von *ʾā̆ḥ* < *ʿḫ* ein pharyngal-glottaler Lautwechsel im Zuge der Entlehnung

44 Vgl. Loprieno: „Egyptian and Coptic phonology", S. 434.
45 Loprieno/Müller: „Ancient Egyptian and Coptic", S. 107.
46 S. Peust: *Egyptian phonology*, S. 99–102.
47 S. Rössler: „Das Ägyptische als semitische Sprache", S. 285 f.
48 Zitiert bei Zeidler: „Rezension zu Karel Petráček", S. 208.
49 Vgl. Osing: „Lautwert von ꜣ und ʿ", S. 225–229.
50 S. Takács: *Etymological dictionary*, Bd. 1, S. 92–98.
51 Vgl. ebd., S. 341 f.
52 S. Lambdin: „Egyptian loan words", S. 153, s. v. *parʿôh* und S. 155, s. v. *šaʿaṭnēz*.
53 S. ebd., S. 146, s. v. *ʾaḥ*.
54 S. Allen: *Egyptian language*, S. 42.
55 S. Rendsburg: „Ancient Hebrew phonology", S. 74.

nicht unwahrscheinlich ist, wurde semitisches /ʿ/ im Mittleren und Neuen Reich immer durch den Korrespondenten ʿ wiedergegeben.

Was Steiners Zuordnung ʿ → /ʿ/ etwas zu entkräften vermag, sind die Phänomene der Dissimilation von ʿ ab der Ersten Zwischenzeit.[56] Dies betrifft einerseits die Dissimilation von pharyngalem ʿ zu *j* sowie den Verlust von ʿ im Umfeld von *ḥ*. Dies lässt sich dadurch erklären, dass auch für *ḥ* bis zum Neuen Reich sicher ein Pharyngal anzunehmen ist.[57] Fraglich ist, weshalb im Alten Reich keine Dissimilationsphänomene belegt sind, wenn hier ebenfalls ein Pharyngal angenommen wird. Da dieser Argumentationsstrang jedoch keinen Eingang in die konsultierten Rekonstruktionsmodelle der traditionellen Komparatistik gefunden hat,[58] soll Steiners Zuordnung ʿ → /ʿ/ trotz der ebenfalls in Betracht kommenden Assoziation von ägyptischem ʿ zu [d] und der Einwände, die sich aus den Dissimilationsphänomenen ergeben, dennoch als möglich betrachtet werden.

### 4.1.4 *w* → /w/

Die Korrelation *w* → /w/ wirft keinerlei Probleme auf, da die phonetische Realisierung im frühen Nordwestsemitischen gleichmäßig als [w] ausfällt und altägyptisches *w* fast einhellig als [w] gedeutet wird. Nur Loprieno weicht hier ab: *w* → [ʋ]. Diese phonetische Realisierung fällt im Gegensatz zur ansonsten einstimmigen Annahme /w/ → [w] nicht besonders ins Gewicht, zumal es sich bei [ʋ] immerhin um einen ähnlichen Laut handelt. Die einzige Unregelmäßigkeit auf semitischer Seite stellt der Zusammenfall von /w/ und /y/ in der Position des ersten Radikals im gesamten nordwestsemitischen Raum dar,[59] was jedoch keine Auswirkungen auf den Sachverhalt der Schlangensprüche hat.

### 4.1.5 *b* → /b/ und *p* → /p/

Die phonetische Realisierung von /b/ und /p/ im frühen Nordwestsemitischen weist keine Auffälligkeiten auf, abgesehen von einer sporadischen Varianz von [p] und [b] beide Phoneme betreffend im Ugaritischen. Für das Altägyptische gehen die meisten Rekonstruktionen von einer Realisierung /b/ → [b] sowie /p/ → [p] aus. Das heißt, der Gegensatz /b/ ↔ /p/ ist durch das distinktive Merkmal der Stimmbeteiligungskorrelation gekennzeichnet. Allerdings halten

56 S. Peust: *Egyptian phonology*, S. 103 f und Peust: „Sonderentwicklung des Ayin".

57 S. Allen: *Egyptian language*, S. 44 und 52.

58 Hiermit hängt auch die Frage nach dem Prinzip der Wurzelinkompatibilitäten zusammen (s. Peust: „Sonderentwicklung des Ayin", S. 223), das ja von der traditionellen Komparatistik nicht angewandt bzw. abgelehnt wird.

59 S. Lipiński: *Semitic languages*, S. 115.

Edel und Allen darüber hinaus ein durch Aspirationskorrelation charakterisiertes distinktives Merkmal für möglich, wonach /b/ auch stimmlos gewesen sein könnte ([p]) und /p/ stimmlos sowie aspiriert ([$p^h$]). Bei Loprieno bildet hingegen die aspirierte Variante [$p^h$] für /p/ einen Gegensatz zum stimmlosen [b], was sich als alternative Interpretation auch bei Allen findet. Peust hält ein aspiriertes *p* für genauso möglich wie ein unaspiriertes *p* (/p($^h$)/ → [$p^h$]/[p])[60] und schätzt den genauen Lautwert von /b/ als „etwas unklar“ ein, spricht sich jedoch für [b] aus.[61]

Die Annahme eines Gegensatzes Nichtaspiration-Aspiration beruht auf der Beobachtung, dass /p/ im Koptischen teils aspiriert wurde.[62] Die eher „konservative“ Deutung der Stimmbeteiligungskorrelation als distinktivem Merkmal, die sich in allen Rekonstruktionen findet, stützt sich indes auf semitische bzw. afroasiatische Kognaten[63] sowie semitische Korrespondenten.[64] Die semitischen Korrespondenten zeigen für das Mittlere Reich immer und für das Neue Reich meist eine Korrelation von semitischem /b/ mit ägyptischem /b/ sowie von semitischem /p/ mit ägyptischem /p/.[65] Die ägyptischen Lehnwörter im Althebräischen zeigen ebenfalls eine regelmäßige Entsprechung von Bēṯ und ägyptischem /b/ sowie von Pē und ägyptischem /p/ auf. Insofern können Steiners Korrelationen *b* → /b/ und *p* → /p/ als sehr plausibel eingeordnet werden.

### 4.1.6 *f* → /p/

Auffällig ist, dass in Steiners Interpretation semitisches /p/ sowohl mit dem Graphonem *p* als auch mit *f* korreliert. Die phonetische Realisierung von *f* im Altägyptischen fällt je nach phonologischem Modell teils unterschiedlich als [f], [p͡f] oder [p’] aus. Rössler sieht *f* in engem Zusammenhang mit dem semitischen Kognaten /b/ sowie mit Lehnwörtern mit semitischem /p/.[66] Von den semitischen Kognaten abweichend hält Rössler ägyptisches /f/ allerdings für „die emphatische Position der labialen Trias“, woraus der Lautwert [p’] abgeleitet

60 S. Peust: *Egyptian phonology*, S. 133.

61 S. ebd., S. 133. S. hierzu auch ebd., S. 135.

62 S. Edel: *Altägyptische Grammatik*, Bd. 1, S. 49 und Allen: *Egyptian language*, S. 43.

63 S. ebd., S. 43. S. hierzu auch Takács: *Etymological dictionary*, Bd. 1, S. 263.

64 S. Allen: *Egyptian language*, S. 43.

65 Abgesehen von Rösslers Deutung von *p* als /p/ und /b/ im Mittleren Reich. Die Korrelation *p* → /b/ bei Rössler beruht offenbar alleinig auf dem Beispiel *Kpnj* ‚Byblos‘ bei Sethe: *Ächtung feindlicher Fürsten*, f2. Dies ist vor dem Hintergrund einer älteren Form des Alten Reichs *Kb*[*nj*] jedoch nicht evident genug, um hieraus eine generelle phonematische Korrelation *p* → /b/ ableiten zu können. Stattdessen muss man auch hier wegen *Kpnj* < *Kb*[*nj*] von einer Korrespondenz mit ägyptischem *b* ausgehen. Vermutlich hat Hodge deshalb auf das Beispiel keinen Bezug genommen. Zu *Kb*[*nj*] s. ebd., f2.

66 Vgl. Rössler: „Das Ägyptische als semitische Sprache“, S. 280.

wird.[67] Interessanterweise ist ein Wechsel zwischen /f/ und /p/ belegt, allerdings nur im Lexem *psj*/*fsj* ‚kochen'.[68] Die graphemsprachliche Varianz legt Allen als Indiz eines affrizierten Allophons [p͡f] (neben [f]) aus.[69] Kammerzell hingegen sieht die Varianz bei *psj*/*fsj* als Beleg für den ursprünglichen Lautwert /p'/, der sonst zu /f/ wurde und hier ausnahmsweise erhalten blieb.[70] Daher schlägt er hier ein phonemisch mehrwertiges Graphonem vor, welches sowohl /f/ → [f/p͡f] als auch Rösslers Vorschlag folgend das Phonem /p'/ umfasst. Doch schränkt das singuläre Beispiel eines Lexems mit dem Wechsel zwischen /f/ und /p/ auch die Aussagekraft hinsichtlich eines angenommenen Lautwandels oder einer Allophonie ein. Edel, Takács und Loprieno deuten /f/ konservativ nur als [f]. Peust hält den genauen Lautwert von /f/ für „etwas unklar", spricht sich jedoch für [f] aus.[71]

Steiners Zuordnung *f* → /p/ kann nach den erläuterten Gesichtspunkten nicht als gesichert gelten. Immerhin erscheint eine Umschrift von semitischem /p/ mit ägyptischem *f* mitunter möglich, wenn man entweder gemäß Kammerzell und Allen altägyptisches /f/ affriziert als [p͡f] interpretiert, oder wie Rössler und Kammerzell emphatisch als [p']. Fraglich ist jedoch, ob der äußerst seltene Wechsel zwischen *p* und *f* evident genug ist, um ohne weiteres von einer allophonischen Affrizierung [p͡f] wie Allen oder von einem emphatischen Laut [p'] wie Kammerzell ausgehen zu können. Rösslers sowie Kammerzells Annahme eines emphatischen Lautes [p'] fehlt ebenfalls die überzeugende Stichhaltigkeit und beruht eher auf den Zwängen des Rössler'schen Systems, die emphatische Position der „labialen Trias" mit einem emphatischen Phonem besetzen zu müssen. Takács etymologisches Wörterbuch wiederum stellt zum Beleg des traditionellen Ansatzes einen kognaten Zusammenhang von ägyptischem /f/ zu afroasiatischem *f (kognat mit semitischem *p) her,[72] während altägyptisches *f* im Koptischen den Lautwert [f] aufweist.[73]

67 Vgl. ebd., S. 280.

68 Vgl. Kammerzell: „Rezension zu David Cohen", S. 171. S. hierzu auch Edel: *Altägyptische Grammatik*, Bd. 1, S. 51 und Allen: *Egyptian language*, S. 43 f.

69 Vgl. ebd., S. 44 und 53.

70 S. hierzu Kammerzell: „Rezension zu David Cohen", S. 171 f. Vgl. aber Kammerzell: „Sounds of a dead language", S. 37.

71 S. Peust: *Egyptian phonology*, S. 133.

72 Vgl. Takács: *Etymological dictionary*, Bd. 1, S. 263 f.

73 Vgl. Peust: *Egyptian phonology*, S. 133.

In den Ächtungstexten tritt *f* nur zweimal für semitisches /p/ auf (sonst *p*),[74] und im Neuen Reich lediglich als weniger geläufige Nebenform.[75] Da auch der Erhalt von protosemitischem *p → [p] als phonologische Isoglosse des gesamten nordwestsemitischen Raums (neben dem Ostsemitischen) zu berücksichtigen ist,[76] ist die Nebenform *f* für den (mutmaßlich) nordwestsemitischen Korrespondenten /p/ zur Zeit des Mittleren Reiches schwer zu interpretieren, außer *f* wird als [p͡f] oder [p'] gedeutet. Ausgeschlossen werden kann hier für kanaanäisches /p/ ein Einfluss der Spirantisierung, die im Kanaanäischen die nicht-emphatischen Plosive erfasste, da die postvokalische allophonische Variante /p/ → [f] nicht vor 1000 v. Chr. aufgetreten sein kann.[77] Darüber hinaus können die Beispiele aus dem Neuen Reich aufgrund der viel späteren Belegzeit nicht ohne Weiteres auf das Altägyptische rückübertragen werden. Die ägyptischen Lehnwörter im Althebräischen geben mit Pē sowohl ägyptisches /f/ als auch ägyptisches /p/ wieder. Dies kann nicht als Beleg für ein affriziertes /f/ oder einen bilabialen Plosiv im Ägyptischen interpretiert werden. Offensichtlich ist es eher der Tatsache geschuldet, dass das Kanaanäische ursprünglich keinen stimmlosen labiodentalen Frikativ aufweist und somit die Wiedergabe von angenommenem ägyptischem /f/ → [f] mit kanaanäischem /p/ die naheliegendste Option darstellt. In umgekehrter Reihenfolge kann die Gleichung nicht in derselben Weise funktionieren.

Aus der geschilderten phonologischen Perspektive ließe sich Steiners Umschriftvariante *f* → /p/ nur über die Ächtungstexte hinreichend erschließen, wo im Mittleren Reich jedoch nur zweimal der semitische Korrespondent /p/ für ägyptisches *f* belegt ist, sofern diese Interpretation überhaupt als evident eingeschätzt wird. Daher ist Steiners Zuordnung *f* → /p/ vor dem Hintergrund des geschilderten sprachlichen Befundes fraglich. Zudem erscheint problematisch, wieso in Steiners Interpretation der Textstelle kanaanäisches /p/ sowohl mit *f* als auch mit *p* wiedergegeben sein soll, wo doch beide Umschriftvarianten aus derselben Quelle stammen. Dies betrifft *phtꞽ* = **phtj/pahōtī* ‚meine Münder' und *ꞽ(w)f* = * *'app* ‚Nase'. Da gemäß allen Rekonstruktionen für altägyptisches /f/ und /p/ eine grundsätzlich voneinander unterschiedliche phonetische Realisierung vorausgesetzt wird, erwartet man eigentlich einen eher homogenen

74 Dies betrifft *Jbj-ꜣfj* = *Abi-Rafīʾ* (*f* < *p*) ‚Mein Vater ist geheilt' und *ꜥfr[..]j* = *ʿÅp̄rāh*, nach Helck „vielleicht […] Ophra," s. Posener: *Princes et pays d'Asie et de Nubie*, E5 und E42. Zur Deutung und Übersetzung s. Helck: *Die Beziehungen Ägyptens zu Vorderasien* (1971), S. 52 und 57.

75 S. hierzu Hoch: *Semitic words in Egyptian texts*, S. 401 und 430.

76 S. hierzu Lipiński: *Semitic languages*, S. 109 und 150.

77 S. Rendsburg: „Ancient Hebrew phonology", S. 74 f. und Harris: *Canaanite dialects*, S. 66 f.

Umschriftcharakter innerhalb einer Quelle. Einzig nach Rössler wäre über die Deutungen /p/ → [p] bzw. /f/ → [p'] die Wiedergabe von /p/ sowohl mit *f* als auch mit *p* naheliegend. Nach Kammerzell und Allen ist über die nur sekundäre bzw. marginale affrizierte Deutung [p͡f] von *f* gegenüber /p/ als [p] bzw. [$p^h$] eine Umschrift von semitischem /p/ sowohl mit *f* als auch mit *p* zwar theoretisch möglich, allerdings eher unwahrscheinlich. Steiner bietet hierfür jedoch keine Erklärung, weswegen die Korrelation fraglich bleibt.

### 4.1.7 *m* → /m/ und *n* → /n/

*m* und *n* zeigen im Ägyptischen eine gewisse graphemische Varianz, die die lautliche Interpretation erschwert. Aus der vereinzelten Alternation zwischen *m* und *n* im Altägyptischen schließt Edel, dass dialektal /m/ als [n] realisiert worden sein könnte, ansonsten als [m].[78] Takács, Rössler, Loprieno und Allen betrachten *m* einhellig nur als /m/ → [m]. Demgegenüber zeigt *n* eine deutliche Allophonie bzw. phonematische Ambivalenz. Die Allophonie mit [l] bzw. dessen Einbeziehung mit phonemischem Status in „allophonemische“ Graphoneme, welche je nach Rekonstruktionsmodell die Graphoneme *ꜣ* und *r* betrifft, erstreckt sich auch auf *n*. Obwohl primär /n/ → [n] vorgelegen haben muss, lautet der semitische bzw. afroasiatische Kognat teils *l; ebenso zeigt das Koptische teils /l/ an der Stelle von altägyptischem *n* (ansonsten /n/).[79] Dies spiegelt sich in der einheitlichen Deutung von *n* als /n/ → [n, l] bei Edel, Takács und Allen wider. Da Rössler und Loprieno bereits für das Altägyptische von einem Phonem /l/ ausgehen, reinterpretieren sie konsequenterweise *n* als phonemisch mehrwertiges Graphonem (/n/ → [n] sowie /l/ → [l]). Nur Kammerzell und Peust[80] lehnen für das Altägyptische einen Zusammenhang zwischen einem Liquiden und *n* ab. Allerdings nimmt Kammerzell wegen graphemsprachlicher Varianzen für *m* ein phonemisch mehrwertiges Graphonem an (/m/ und /$ŋ^w$/), ebenso für *n* (/n/, /ŋ/, /$ŋ^w$/).[81] Kammerzell konnte sich jedoch damit in der neueren Forschung (vertreten maßgeblich durch Allen) bislang nicht durchsetzen. Peust definiert die phonetische Realisierung von /n/ nicht.

Während also die phonologische Analyse sowohl die Korrelation von nordwestsemitischem /m/ → [m] mit ägyptischem *m* und nordwestsemitischem /n/ → [n] mit ägyptischem *n* stützt, erhärtet sich dies auch vor dem Hintergrund

78 Vgl. Edel: *Altägyptische Grammatik*, Bd. 1, S. 54 f.

79 Vgl. Allen: *Egyptian language*, S. 39. S. auch Takács: *Etymological dictionary*, Bd. 1, S. 275–277.

80 S. hierzu Peust: *Egyptian phonology*, S. 132.

81 Vgl. hierzu auch Kammerzell: „Graphemsprachliche Varianz“, S. 83–93.

der semitischen Korrespondenten aus der Zeit des Mittleren und Neuen Reiches. Im Mittleren Reich wurde semitisches /m/ immer mit ägyptischem *m* und semitisches /n/ immer mit ägyptischem /n/ umschrieben, im Neuen Reich ist dies meist der Fall. Die ägyptischen Lehnwörter im Althebräischen ergeben hierzu ein indifferentes Bild. Bei Lambdin korrespondiert Nūn elfmal mit ägyptischem *n* sowie zweimal mit *m*, Lām̊ɛḏ einmal mit *n* und Mēm sechsmal mit *m*.[82] Jedoch darf man aus phonologischer Perspektive Steiners Zuordnungen *m* → /m/ sowie *n* → /n/ als gesichert betrachten.

### 4.1.8 *r* → /r/

Die Assoziation von *r* mit den Liquiden wurde bereits im Zusammenhang mit der liquiden Qualität von *ꜣ* angesprochen. Ähnlich wie *ꜣ* wird das Graphonem *r* sowohl mit „r-haltigen" Lauten als auch mit einem „l-haltigen" Laut assoziiert. Überwiegend wird von einer Allophonie oder einem phonemisch mehrwertigen Graphonem liquider Opposition ([r], [ʀ], [ɾ] oder [ɹ] gegenüber [l]) ausgegangen. Die Affinität von *r* zu den Liquiden zeigt sich in den semitischen Phonemkorrespondenzen des Neuen Reiches, wo semitisches /r/ fast ausschließlich durch *r* (neben ⟨nr⟩) und semitisches /l/ meist durch *r* wiedergegeben wird.[83] Jedoch kam dieser „Transkriptionsstandard" erst im Laufe des Mittleren Reiches auf, wo in späterer Zeit die Umschrift von semitischem /r/ durch *r* die Umschrift durch *ꜣ* deutlich zurückdrängt.[84] Die spätere Affinität des Graphonems *r* zu semitischem /r/ ist auch umgekehrt bei den ägyptischen Lehnwörtern im Althebräischen erkennbar, wo ägyptisches *r* mit Rēš wiedergegeben wird. Andererseits stützt sich nach Takács die Annahme einer ambivalenten liquiden Qualität von *r* auch auf den Vergleich mit dem Afroasiatischen bzw. dem Semitischen, wo es mit *r und *l kognat ist.[85] Die gesamte ägyptische Sprachgeschichte hindurch bis zum Koptischen wurde *r* am Silbenbeginn als /r/ oder /l/ beibehalten und wandelte sich ansonsten zu /ʔ/ oder /y/.[86] Eine zusätzliche Affinität zu den Lautwerten der Graphoneme *j* und *ꜣ* ist womöglich bereits im Altägyptischen erkennbar,[87] wo ⟨r⟩ am Wortanfang selten und im Wortinneren oder Wortende häufig durch ⟨j⟩ ersetzt wird, am Wortende

---

82 Abzüglich dem Beispiel *kɛtɛm/ktm.t* ‚Gold', da die Lexeme beider Sprachen vermutlich dem Sumerischen entlehnt sind, s. Lambdin: „Egyptian loan words", S. 151 f., s. v. *ketem*.

83 S. hierzu auch Hoch: *Semitic words in Egyptian texts*, S. 407.

84 S. hierzu auch Helck: *Die Beziehungen Ägyptens zu Vorderasien* (1971), S. 85.

85 S. Takács: *Etymological dictionary*, Bd. 1, S. 263.

86 Vgl. Allen: *Egyptian language*, S. 40.

87 S. auch ebd., S. 40.

zusätzlich selten durch *ꜣ*.[88] Der vielfältige sprachhistorische Befund hat zu unterschiedlichen phonetischen Interpretationen von *r* geführt.

Takács geht bei *r* zunächst im Grunde von derselben Allophonie /r/ → [r, l] aus, die für *ꜣ* angenommen wird, schließt jedoch für *r* [ʔ] als Allophon aus. Edel leitet aus der häufigen Ersetzung von ⟨r⟩ durch ⟨j⟩ im Altägyptischen einen teilweisen Wandel *r* > *j* ab (neben dem selteneren *r* > *ꜣ*),[89] weshalb in seinem Modell von einer Erweiterung der Allophonie /r/ → [r, l] um die allophonischen Reflexe von *j* und *ꜣ* ([j, ʔ]) auszugehen ist (neben ∅). Anders als in Takács' Modell kontrastiert die phonetische Valenz von *ꜣ* zu *r* deutlich darin, dass *ꜣ* im liquiden Spektrum die Qualität als [r] fehlt. Rössler wiederum deutet *r* als phonemisch mehrwertiges Graphonem, welches folgende Phoneme umfasst: den „neutralen Konsonanten" /l/ mit einem „dentalverwandten" sowie einem „palatalverwandten" Allophon (/l/ → [l, ʀ]),[90] das „Epiphänomen" der stimmhaften palatalen Gegenphoneme der sechsten bis achten, velar-pharyngalen Triaden (/ɟ/ → [ɟ] und /j/ → [j])[91] sowie das „Epiphänomen" des „neutralen Konsonanten" /ʾ/ → [ʔ, ʔʲ].[92] Ob Rössler die teilweise Übertragung der Lautwerte von *j* auf *r* wie Edel in den graphemischen Varianzen zwischen ⟨r⟩ und ⟨j⟩ begründet sieht, wird offen gelassen. Zu beachten ist hier, dass sich in Rösslers Modell der allophonische Reflex [ʀ] von *r* gegenüber dem allophonischen Reflex [r] von *ꜣ* signifikant unterscheidet; vermutlich, um hieraus die stärkere Korrelation von *ꜣ* mit semitischem /r/ in den semitischen Eigennamen des Mittleren Reiches zu erklären und gleichzeitig den sprachhistorischen Indizien einer „r-haltigen" Qualität von *r* Rechnung zu tragen. Da Loprieno von einem teilweisen Erhalt des protoägyptischen *l mit phonemischem Status auf dialektaler Ebene ausgeht,[93] wird hier *r* phonemisch mehrwertig als /ɹ/ → [ɹ] sowie /l/ → [l] gedeutet. Eventuell an Rössler angelehnt ist hier wiederum die Opposition zweier „r-haltiger" Laute: *r* → [ɹ] gegenüber *ꜣ* → [ʀ]. Auch Peust geht von zwei „r-haltigen" Lauten aus: *r* → /$r_2$/ gegenüber *ꜣ* → /$r_1$/ ohne eine genaue phonetische Realisierung vorzuschlagen. Kammerzell hingegen hält *r* phonetisch eindeutig für /l/ → [l]. Wiederum zu einem ganz anderen Schluss gelangt Allen. Da er einerseits ägyptisches *r* primär mit semitischem *l kognat sieht,[94] wird hier [l] zum Allophon von /r/ erklärt. Andererseits schließt er aufgrund der Korrespondenz von *r* im Neuen Reich mit semitischem /n/ und /d/

88 Vgl. Edel: *Altägyptische Grammatik*, Bd. 1, S. 56 f.
89 Vgl. ebd., S. 56 f.
90 Vgl. Rössler: „Das Ägyptische als semitische Sprache", S. 311.
91 Vgl. ebd., S. 306.
92 Vgl. ebd., S. 308 f.
93 Vgl. Loprieno: „Egyptian and Coptic phonology", S. 436 f.
94 Vgl. Allen: *Egyptian language*, S. 40.

(neben /r/ und /l/) auf eine allophonische Realisierung *r* ⟶ [ɾ], da er [ɾ] phonetisch stärker mit /n/ und /d/ assoziiert als mit [r].[95] Während er also kurzerhand den Befund aus dem Neuen Reich auf das Altägyptische rücküberträgt, werden wegen der graphemischen Varianzen zwischen ⟨r⟩ und ⟨j⟩ hier ebenso die koptischen Reflexe [ʔ] (am Silbenende) sowie ∅ (am Silbenende) auf das altägyptische *r* projiziert.[96] Da in seinem Modell der allophonischen Interpretation von *ꜣ* im Vergleich zu *r* eine „r-haltige" Qualität fehlt, weist es größere Ähnlichkeiten mit dem Modell Edels auf.

Es wurde bereits erwähnt, dass Steiner semitisches /r/ sowohl mit *ꜣ* als auch mit *r* in Korrelation setzt. Die Variante *r* ⟶ /r/ kommt in Steiners Transkription nur bei *rwn* = **ri'ū-na'* ‚seht' vor, ansonsten gilt *ꜣ* ⟶ /r/. Fraglich ist nun, ob neben der Korrelation von *ꜣ* für semitisches /r/ in den Phonemkorrespondenzen des Mittleren Reiches die Korrelation mit ägyptischem *r* als evident gelten kann. Es ist davon auszugehen, dass die semitischen Korrespondenzen von *ꜣ* in den Ächtungstexten des Mittleren Reiches die phonologische Situation des Altägyptischen widerspiegeln.[97] Helck (dessen Sicht von Hodge übernommen wird) geht davon aus, dass in den älteren Ächtungstexten semitisches /r/ und /l/ mit ägyptischem *ꜣ* wiedergegeben wird, die Korrespondenz mit semitischem /r/ jedoch bereits in den jüngeren Ächtungstexten des Mittleren Reiches durch die Wiedergabe mit ägyptischem *r* verdrängt wird.[98] Überzeugender ist hier Rösslers Sicht, wonach bei allen Phonemkorrespondenzen des Mittleren Reiches ägyptisches *ꜣ* zur Wiedergabe von semitischem /l/ und /r/ dient; *r* hingegen wird nur zur Wiedergabe von semitischem /d/ und nicht etwa von semitischem /r/ verwendet.[99] In jedem Falle ist diesbezüglich ein Lautwandel anzunehmen, da im Neuen Reich die Umschriftvariante mit *ꜣ* für semitisches /r/ bereits vollständig verschwunden war und durch ägyptisches *r* ersetzt wurde. Ob davon abgesehen Steiners Interpretation einer Wiedergabe von semitischem /r/ sowohl mit ägyptischem *ꜣ* als auch *r* innerhalb desselben Quellenkontextes überhaupt als evident gelten kann, wird weiter unten besprochen. In den konsultierten Rekonstruktionen des Altägyptischen bieten sich nach derzeitigem Stand am ehesten die Modelle Rösslers und Loprienos (sowie Peusts) an, um die ambivalente Situation der Diachronie der Liquiden im Altägyptischen unter Berücksichtigung des Lautwandels, der sich in den später belegten semitischen Phonemkorrespondenzen erkennen lässt, hinreichend zu erklären. Es

95 Vgl. ebd., S. 40.
96 Vgl. ebd., S. 40.
97 S. Helck: *Die Beziehungen Ägyptens zu Vorderasien* (1971), S. 85.
98 Vgl. ebd., S. 85.
99 S. Rössler: „Älteres Umschreibungssystem", S. 223.

lohnt sich an dieser Stelle eingehend zu prüfen, inwieweit sich die genannten phonologischen bzw. phonetischen Rekonstruktionen bezüglich der Graphoneme *ꜣ* sowie *r* auf deren Diachronie schlüssig anwenden lassen. Auf diese Weise lässt sich ebenfalls die Stichhaltigkeit der Korrelation aus Steiners Interpretation (*ꜣ* → /r/ neben *r* → /r/) näher beleuchten.

Problematisch ist die Annahme, dass *ꜣ* vor dem Mittleren Reich einen „r-haltigen" Laut repräsentiert, während *r* diese Qualität nicht aufweist (Kammerzell: *ꜣ* → [r]; *r* → [l]). Ebenso der umgekehrte Fall, dass *ꜣ* im Altägyptischen keinen „r-haltigen" Laut repräsentiert, sondern *r* wie in den Varianten Edels (*ꜣ* → [ʔ, j, l]) sowie Allens (*ꜣ* → [ɬ/l, ʔ, j]). Die Modelle Edels, Kammerzells und Allens können einerseits wegen der afroasiatischen bzw. semitischen Kognaten *r und *l als zweifelhaft angesehen werden, soweit Takács' sowie Allens Zuordnung von *r und *l sowohl für das ägyptische Graphonem *ꜣ* als auch für *r* als stichhaltig anerkannt wird (und wenn primär dieser Faktor zugrunde gelegt wird).[100] Andererseits entwickelte sich im Koptischen *r* häufig zu /r/ und /l/, *ꜣ* selten zu /r/ und /l/.[101] Aus den afroasiatischen respektive den semitischen Kognaten und aus dem koptischen Befund könnte man also schließen, dass für das Altägyptische eine fortwährende liquide Allophonie oder phonematische Ambivalenz von *ꜣ* wie auch von *r* unter Einschluss einer „r-haltigen" Qualität vorgelegen haben muss. Unter diesem Gesichtspunkt erscheint es unwahrscheinlich, für beide Graphoneme von einer altägyptischen phonetischen Realisierung ohne liquide Opposition („r-Laut" gegenüber „l-Laut") auszugehen, die dann in späterer Zeit wieder dieselbe Allophonie ausgebildet hätte, die auch die afroasiatischen bzw. semitischen Kognaten nahelegen. Trotz Diskussion der Bezüge zu beiden semitischen Kognaten lehnt Allen aus Überlegungen bezüglich der Wurzelkompatibilität und der Position im Wort heraus eine „ursprüngliche" „r-haltige" Qualität von *ꜣ* ab.[102] Allerdings bietet er keine Erklärung dafür, dass sowohl die afroasiatischen Kognaten als auch die Entwicklung zum Koptischen einen Bezug von *ꜣ* zu beiden liquiden Oppositionen erkennen lassen. Aus denselben Gründen wirken die Modelle Edels und Kammerzells hier nicht schlüssig genug.

---

100 S. Takács: *Etymological dictionary*, Bd. 1, S. 263 und Allen: *Egyptian language*, S. 40.

101 Vgl. ebd., S. 40 f. Vgl. aber ebd., S. 41, insbesondere Fußnote 16: Allen schließt trotz kognatem *r für *ꜣ* aus dem sprachhistorischen Befund darauf, dass *ꜣ* keinen „r-haltigen" Laut aufweist. Zum Lautwandel *ꜣ* > /r/ und *ꜣ* > /l/ im Koptischen s. auch Peust: *Egyptian phonology*, S. 131 f. Peust nennt ein Dutzend derartiger Beispiele. Vgl. aber Osing: „Lautwert von *ꜣ* und *ꜥ*", S. 224, wo dieser Befund abgelehnt wird.

102 Vgl. Allen: *Egyptian language*, S. 35 und 40 f. und ebd., S. 208, Fußnote 16.

Die Variante Takács' böte in der Annahme derselben liquiden Allophonie [r, l] für *ꜣ* und *r* unter Voraussetzung einer dialektabhängigen Allophonie nur oberflächlich betrachtet eine hinreichende Erklärung. Die Allophonie hätte bei dieser Annahme einem Lautwandel unterlegen, der zur Zeit des Mittleren Reiches stattfand (und ggf. schon im Altägyptischen einsetzte). Die Allophonie wäre demnach im älteren Ägyptisch dialektgebunden unterschiedlich häufig in Erscheinung getreten, wie es auch die semitischen Korrespondenten von *ꜣ* und *r* nahelegen (mehrheitlich vertretene dialektale Variante: *ꜣ* als [r] und *r* als [l]; seltenere dialektale Variante: *ꜣ* als [l] und *r* als [r]). Die dialektale liquide Allophonie wäre dann durch den Lautwandel phonemisch umstrukturiert worden. Dabei wäre die Allophonie durch phonemischen Status von /r/ und /l/ im gesamten ägyptischen Dialektkontinuum ersetzt worden, wobei sich *ꜣ* selten zu /l/ und /r/ sowie *r* meist zu /r/ (neben /l/) wandelte.[103] Takács' Modell bietet nur diese Erklärung. Eine stellungsbedingte Allophonie komplementärer Verteilung scheidet als Möglichkeit aus, da eine solche bisher nicht festgestellt werden konnte.[104] Ebenso bieten sich keine Anhaltspunkte für eine Assimilation. Somit verbleibt für Takács' Modell nur die dialektale Allophonie. Der These einer dialektalen Allophonie widerspricht freilich die Transkription eines Toponyms und zweier Herrschernamen in den Ächtungstexten, bei denen offenbar *ꜣ* sowohl mit /r/ als auch mit /l/ korrespondiert: *ꜣwšꜣmm*[105] = *ʾUrušalimum*[106] ‚Jerusalem' sowie (soweit als stichhaltig anerkannt) *Mꜣꜣ-m(w)t*[107] = **Maru-lamuti* ‚Der Sohn ist nicht gestorben'[108] und *Jꜣp-jꜣw*[109] = **Yarpaʾ-ilu* ‚Gott hat geheilt'.[110] Man könnte hier allenfalls noch an eine scheinbar zufällige, „freie" Variation denken, bei der keine systematischen Verteilungen erkennbar sind. Allerdings wird die Annahme einer nicht von bestimmten Bedingungen abhängigen, „zufälligen" freien Variation in der (Sozio-)Linguistik teils zurückgewiesen,[111] so dass dieser Ansatz in Bezug auf das ältere Ägyptisch bereits im Grundsatz spekulativ wäre. Der Hintergrund derartiger Korrelationen wie in *ꜣwsꜣmm* ‚Jerusalem' muss derzeit als ungeklärt gelten, eine einfache lautliche

103 S. hierzu ebd., S. 41 und Peust: *Egyptian phonology*, S. 128.

104 S. hierzu Edel: *Altägyptische Grammatik*, Bd. 1, S. 56, wo Zweifel an einer stellungsbedingten Allophonie nach koptischem Vorbild geäußert werden.

105 Sethe: *Ächtung feindlicher Fürsten*, e27 f. und Posener: *Princes et pays d'Asie et de Nubie*, E45.

106 Vgl. Hoch: *Semitic words in Egyptian texts*, S. 493.

107 Sethe: *Ächtung feindlicher Fürsten*, e15.

108 Nach Goetze, zitiert bei Helck: *Die Beziehungen Ägyptens zu Vorderasien* (1971), S. 47.

109 Posener: *Princes et pays d'Asie et de Nubie*, E58.

110 Helck: *Die Beziehungen Ägyptens zu Vorderasien* (1971), S. 60.

111 Vgl. Hall: *Phonologie*, S. 47.

Abänderung bei Eingang des Namens ins Ägyptische, bei der *ꜣ* jeweils denselben ägyptischen Laut bezeichnet, greift vielleicht zu kurz. Die Annahme einer rein dialektal bestimmten Allophonie in Takács' allophonischem Modell zu *ꜣ* ist widersprüchlich und muss demnach als wenig stichhaltig zurückgewiesen werden.

Ein weiterer Ansatz findet sich bei Rössler (*ꜣ* → [r] und *r* → [ʀ]) sowie Loprieno (*ꜣ* → [ʀ] und *r* → [ɹ]) und Peust (*ꜣ* → /$r_1$/ und *r* → /$r_2$/), bei denen sich die „r-haltige" Qualität von *ꜣ* und *r* phonetisch voneinander unterscheiden. Die Allophonie von *ꜣ* müsste dann einem Lautwandel unterlegen haben, wie es zum Beispiel Loprieno und Müller für *ꜣ* annehmen: *ꜣ* → [ʀ] > [ʔ].[112] Es lässt sich in den Rekonstruktionen Rösslers und Loprienos, in denen von einer jeweils unterschiedlichen „r-haltigen" Allophonie bezüglich *ꜣ* und *r* ausgegangen wird, *ꜣ* ([r] bei Rössler bzw. [ʀ] bei Loprieno) phonetisch sehr viel stärker mit semitischem /r/ → [r] assoziieren als r ([ʀ] bei Rössler bzw. [ɹ] bei Loprieno), so wie es auch der Befund in den Ächtungstexten nahelegt. Fraglich ist diesbezüglich eine angebliche Ambivalenz des semitischen Korrespondenten /r/ → [r] zu *ꜣ* und *r* in den Ächtungstexten, wenn neben den häufigen Namen mit *ꜣ* je nach Interpretation auch *r* zur Wiedergabe von semitischem /r/ dient, sofern man diesbezüglich Helck bzw. Hodge folgt. Dies betrifft *Smꜣhr*[113] = **Samar-har* (?) und *Yṯʿrkni*[114] = **Yasʿar-kuna* ‚Es stürmt dahin Kuna' (?),[115] daneben noch weitere Schreibungen mit *r*, für deren Namen jedoch nach Helck keine Lokalisierung bzw. Interpretation vorliegt. Insbesondere ist das Beispiel *Smꜣhr* = **Samar-har* hervorzuheben, da bei dieser Interpretation semitisches /r/ sowohl mit *ꜣ* als auch mit *r* wiedergegeben wird, wie auch bei Steiners Korrelationen. Allerdings fehlt es den diesbezüglichen Beispielen bei Helck an Stichhaltigkeit, so dass nicht zwingend davon ausgegangen werden kann, dass hier neben *ꜣ* auch *r* zur Wiedergabe von semitischem /r/ dient. Nach Rössler dient im Mittleren Reich ägyptisches *r* nur zur Wiedergabe von semitischem /d/. Einleuchtend sind hier vor allem die Wortgleichungen mit dem häufigen Personennamenbestandteil *ʿpr*, der als *ʿAbdu* gedeutet wird.[116] Tatsächlich lässt sich, wenn man dieser Sichtweise folgt, in den Ächtungstexten kein sicheres Beispiel als

---

112 S. Loprieno/Müller: „Ancient Egyptian and Coptic", S. 107.

113 Posener: *Princes et pays d'Asie et de Nubie*, E20.

114 Ebd., E40.

115 Zur Deutung beider Namen s. Helck: *Die Beziehungen Ägyptens zu Vorderasien* (1971), S. 54 und 57.

116 S. Rössler: „Älteres Umschreibungssystem", S. 223. Dieser Sicht hat sich auch Schneider angeschlossen, s. Schneider: „Namen der syrischen Sklaven", S. 260.

Gegenbeleg identifizieren, in denen ägyptisches *r* für semitisches /r/ steht.[117] Vor dem Hintergrund der (möglichen) Schreibungen mit *r* für semitisches /r/ wäre bei phonemischem Status von altägyptischem *ꜣ* → [r] (wie im Modell Rösslers) ein „spontanes Verhören" als *r* → [ʀ] wenig naheliegend. Gleiches gilt für Loprienos Modell mit phonemischem Status von altägyptischem *ꜣ* → /ʀ/, das dem semitischen /r/ phonetisch weitaus näherkommt als *r* → [ɹ]. Die Modelle Rösslers und Loprienos zu *ꜣ* bzw. *r* widersprechen also dem Ansatz, im semitischen /r/ den Korrespondenten zu sowohl *ꜣ* als auch zu *r* zu sehen.

Nach Analyse aller offenkundigen Möglichkeiten für die Interpretation von *ꜣ* im Altägyptischen bieten sich am ehesten die Modelle Rösslers und Loprienos (sowie Peusts) an, um die phonetische Diachronie von *ꜣ* zu erklären. Diese widersprechen Steiners Korrelation *r* → /r/ neben *ꜣ* → /r/ innerhalb desselben Quellenkontextes, die deshalb als unstimmig gelten muss. Die Beispiele aus den Ächtungstexten, in denen *ꜣ* und *r* für /r/ stehen sollen, bzw. in denen *r* überhaupt für /r/ steht (*Smꜣhr* = **Samar-har* und *Yṯꜥrkni* = **Yasʿar-kuna*), sind äußerst zweifelhaft und können Steiners Ergebnisse nicht stützen. Ansonsten bliebe noch das Modell Takács', das zwar Steiners Korrelationen hier stützen könnte, dieses ist jedoch in Bezug auf die Verteilung der liquiden Korrespondenzen des Mittleren Reiches ungeeignet, um die Diachronie von *ꜣ* und *r* schlüssig zu erklären.

### 4.1.9 *h* → /h/

Die Korrelation *h* → /h/ ist unproblematisch, da die phonetische Realisierung im Nordwestsemitischen ebenso gleichmäßig wie die Rekonstruktionen des Altägyptischen (im Wesentlichen) als [h] ausfällt und es sich beim semitischen Korrespondenten zu ägyptischem *h* stets um /h/ handelt. Nur Peust schlägt neben [h] noch eine behauchte Aussprache vor ([h̤]).[118]

### 4.1.10 *ḥ* → /ḥ/

Für den gesamten frühen nordwestsemitischen Sprachraum kann man aus diachroner Perspektive allgemein von der phonetischen Realisierung /ḥ/ → [ħ] ausgehen. Bezüglich der phonetischen Interpretation von altägyptischem *ḥ* sind die traditionelle und im Grundsatz die neuere Komparatistik diametral entgegengesetzt, wobei sich Allen, Peust und Loprieno jedoch hier den Ansichten der traditionellen Komparatistik angeschlossen haben. Zwar ist im

117 Allenfalls in der Hayes-Liste gibt es einzelne Namen, für die eine Entsprechung von ägyptischem *r* und semitischem /r/ angenommen werden könnte.

118 S. Peust: *Egyptian phonology*, S. 98.

Koptischen altägyptisches *ḥ* mit *h* zu /h/ zusammengefallen,[119] doch lässt sich der frühere Lautwert über die semitischen Phonemkorrespondenzen ermitteln. Im Mittleren Reich stellt der semitische Korrespondent zu *ḥ* immer und im Neuen Reich meist /ḥ/ dar. Während Takács und Allen bezüglich des afroasiatischen bzw. semitischen Kognaten zu *ḥ sowohl ägyptisches *ḥ* als auch *ẖ* anführen,[120] gibt Allen für *ḥ* auch eine sporadische Übereinstimmung mit dem semitischen Kognaten *ʿ an.[121]

Die Lautung des altägyptischen *ḥ* wird maßgeblich über den semitischen Korrespondenten /ḥ/ bestimmt. Dieser Deutung von ägyptischem *ḥ* als [ħ] schließen sich Edel, Takács, Loprieno, Peust und Allen an. Eine andere Position vertritt Rössler. Er reinterpretiert das Graphonem *ḥ* phonetisch als emphatische Position der zusammengefallenen siebten und achten, velar-pharyngalen Triaden (/ḥ/ → [x']).[122] Somit verliert in Rösslers Modell *ḥ* die traditionelle phonetische Valenz eines Pharyngals. Bemerkenswert ist, dass Rössler diese phonetische Interpretation nahelegt, obwohl das Graphonem *ḥ* den phonetischen Werten der jeweiligen semitischen Kognaten in den angegebenen Wortgleichungen (/ẖ/, /ġ/, /ḳ/, /ḥ/, /ʿ/) nicht entspricht.[123] Dem semitischen Kognaten /ẖ/ fehlt die Emphase, die restlichen Kognaten verbleiben für ihn „ohne erkennbare Ratio".[124] Demgegenüber sieht er den Lautwert [ħ] nur für das Graphonem *ẖ* gegeben. Das Graphonem *ẖ* selbst erklärt er sowohl zum stimmlosen Vertreter der siebten, velaren Trias (/ẖ/ → [x]) als auch der achten, velar-pharyngalen Trias (/ẖ/ → [ħ]).[125] *ẖ* bildet somit den stimmlosen, nicht-emphatischen Gegenpol zum emphatischen Repräsentanten *ḥ* derselben beiden Triaden. Rössler bietet zwar ein paar stimmige kognate Wortgleichungen mit dem semitischen Kognaten /ḥ/ zum ägyptischen *ẖ*, den wenigen Beispielen zum semitischen Kognaten /ẖ/ fehlt es hingegen an Überzeugungskraft.[126] Kammerzell übernimmt primär Rösslers Position zum Graphonem *ḥ* (ggf. auch als Affrikate [k͡x']), hält jedoch auch die traditionelle Annahme als /ħ/ für möglich.

119 Vgl. Peust: *Egyptian phonology*, S. 99.

120 Vgl. Allen: *Egyptian language*, S. 36 und Takács: *Etymological dictionary*, Bd. 1, S. 263.

121 Vgl. Allen: *Egyptian language*, S. 44.

122 Vgl. Rössler: „Das Ägyptische als semitische Sprache", S. 296–298.

123 Die semitischen Kognaten des Graphonems *ḥ* der siebten Trias sind /ẖ/, /ġ/ und /ḳ/. Die semitischen Kognaten der achten Trias sind /ḥ/ und /ʿ/.

124 Ebd., S. 296–298.

125 Vgl. ebd., S. 295–297.

126 S. ebd., S. 295–297.

Insgesamt erscheint hier die traditionelle Deutung von /ḥ/ → [ħ] am überzeugendsten. Somit kann auch Steiners Korrelation von ägyptischem *ḥ* und semitischem /ḫ/ als sichere Zuordnung gelten. Nur scheinbar widersprüchlich ist der Befund der ägyptischen Lehnwörter im Hebräischen, in denen Ḥēṯ zu sowohl ägyptischem *ḥ* als auch *ḫ* korreliert, was einen pharyngalen Laut auch für *ḫ* suggeriert. Ḥēṯ konnte vor dem endgültigen Phonemzusammenfall von /ḫ/ und /ḥ/ ca. 200 v. Chr. sowohl /ḫ/ → [x] als auch /ḥ/ → [ħ] repräsentieren.[127] Im Sinne der beiden *underlying representations* des Ḥet wird damit in den Lehnwörtern sowohl der ägyptische Pharyngal /ḥ/ als auch /ḫ/ (vermutlich ein Velar: [x]) ausgedrückt. Somit besteht kein Grund, im ägyptischen phonologischen System für *ḥ* ein anderes Phonem als einen stimmlosen pharyngalen Frikativ anzunehmen.

### 4.1.11 *z* → /s/ und *s* → /ṯ/

Im Zusammenhang mit der Korrelation *z* → /s/ muss auch die Korrelation *s* → /ṯ/ besprochen werden, da beide Graphoneme in engem Zusammenhang stehen. Bei /s/ geht Steiner von einem ursprünglichen *s (Sā̊mɛḵ) aus. Es ist nur ein einziges Mal in den betreffenden Schlangensprüchen in der von Steiner angenommenen Form *ỉzz* = *ʾ*asōs* ‚Flüstern' von der Wurzel *ʾ-s-s/h-s-s belegt.[128] Die genaue phonetische Realisierung von semitischem /s/ ist für die frühen nordwestsemitischen Sprachen nicht eindeutig als [s] oder [t͡s] zu bestimmen. Protosemitisches *s blieb fast im gesamten nordwestsemitischen Zweig ohne Zusammenfall mit einem anderen Phonem erhalten, nur im Aramäischen fiel es mit *ś zusammen.[129] Im Kanaanäischen bildet Sā̊mɛḵ den Reflex des protosemitischen *s. Für das Phönizische geht Hackett hier von der Affrikate [t͡s] aus.[130] Rendsburg und Edzard setzen für das Althebräische den nicht-affrizierten Sibilanten voraus.[131] Unklar ist die Situation für das ugaritische /s/, für das Tropper die Affrikate [t͡s] annimmt,[132] Gordon hingegen [s].[133] Nicht gesichert ist die phonetische Realisierung von /s/ im Kanaano-Akkadischen sowie im Amoritischen. Während Izre'el für das Kanaano-Akkadische von einem nicht-

127 Vgl. hierzu Rendsburg: „Ancient Hebrew phonology", S. 71 f. und 73 f.
128 S. Steiner: *Semitic serpent spells*, S. 40 f.
129 Vgl. Lipiński: *Semitic languages*, S. 150 und Kogan: „Proto-Semitic", S. 55.
130 Vgl. Hackett: „Phoenician and Punic", S. 86.
131 Vgl. Rendsburg: „Ancient Hebrew phonology", S. 70 und Edzard: „Biblical Hebrew", S. 482.
132 Vgl. Tropper: „Ugaritic grammar", S. 96.
133 Vgl. Gordon: „Ugaritic phonology", S. 50.

affrizierten /s/ ausgeht,[134] nimmt Streck für das Amoritische [t͡s] an.[135] Die unterschiedlichen Sichtweisen scheinen auf die gegensätzlichen Positionen bezüglich des Protosemitischen zurückzugehen. Nach traditioneller Sichtweise wird protosemitisches *s nicht-affriziert gedeutet, während die *affricate hypothesis* protosemitische Sibilanten in unterschiedlichem Umfang affriziert reinterpretiert und auf die späteren semitischen Sprachen überträgt; teilweise werden auch die lateralen Sibilanten und Interdentale einbezogen.[136] Dies beruht auf Indizien einer Affrizierung bei den Phonemen des betreffenden Phonemspektrums in einzelnen semitischen Sprachen,[137] die kontrovers gewertet und in unterschiedlichem Ausmaß auf das Protosemitische rückübertragen werden. So wird schließlich auch protosemitisches *s affriziert[138] oder nicht-affriziert[139] eingeordnet. Die Deutungen [t͡s] für /s/ gehen demnach für den frühen nordwestsemitischen Raum von einer Beibehaltung von protosemitischem *[t͡s] aus, während die Annahme [s] entweder eine Beibehaltung von protosemitischem *[s] oder eine Deaffrizierung von *[t͡s] darstellt.[140] Vor diesem Hintergrund kann an dieser Stelle nicht entschieden werden, ob wir für die Referenzperiode der Pyramidentexte von /s/ → [s] oder [t͡s] ausgehen müssen.

Ebenso ungewiss sind für das Nordwestsemitische die Deutungen von /ṯ̣/. Steiners Transkription der Schlangensprüche bietet nur an einer Stelle das semitische Phonem /ṯ̣/, und zwar bei **ṯ̣ū'u* ‚Duft'. Steiner äußerst sich nicht, wie wir uns die phonetische Realisierung von /ṯ̣/ genau vorzustellen haben, vermutlich meint er [θ'] und somit das protosemitische Phonem *ṯ̣ (*ẓ) bzw. einen Reflex davon. Während Huehnergard und Kogan einstimmig die phonetische Realisierung von *ṯ̣ für das Protosemitische [θ'] deuten,[141] gehen die Meinungen für das Nordwestsemitische unter dem Einfluss der dargestellten Affrikatenhypothese auseinander. Protosemitisches *ṯ̣ ist im Kanaanäischen mit dem emphatischen Sibilanten *ṣ und dem emphatischen Lateral *ṣ́ zu /ṣ/ zusammengefallen.[142] Hackett nimmt diesbezüglich für das Phönizische die emphatische Affrikate [t͡s'] an.[143] Edzard und Rendsburg gehen für das

134 Vgl. Izre'el: *Canaano-Akkadian*, 7.
135 Vgl. Streck: *Das amurritische Onomastikon*, Bd. 1, S. 255 und Streck: „Amorite", S. 454.
136 Vgl. Kogan: „Proto-Semitic", S. 61 f.
137 S. hierzu ebd., S. 62–71.
138 S. Huehnergard: „Afro-Asiatic", S. 231.
139 S. Kogan: „Proto-Semitic", S. 54.
140 S. Huehnergard: „Afro-Asiatic", S. 231.
141 Vgl. Huehnergard: „Afro-Asiatic", S. 229 und Kogan: „Proto-Semitic", S. 54.
142 Vgl. Hackett: „Phoenician and Punic", S. 87.
143 Vgl. ebd., S. 87.

Althebräische primär von ejektivierten oder velarisierten Aussprachevarianten aus ([s'/s]).[144] Rendsburg hält jedoch auch entsprechende affrizierte Varianten für möglich ([t͡s'/t͡s]) oder einen teilweisen Erhalt des protosemitischen Phonems *ṯ̣ (/ẓ/ → [ð']).[145] Unklar ist, ob im Kanaano-Akkadischen der Phonemzusammenfall von *ṯ̣ und *ṣ bereits stattgefunden hat. Izre'el hält eher aus theoretischer Erwägung heraus für das Kanaano-Akkadische ein Phonem /ẓ/ → [θ'] für möglich, die phonemisch teils ambivalente Keilschrift kann /ẓ/ nicht gesondert darstellen.[146] Die ugaritische Schrift weist ein Schriftzeichen zur Darstellung von /ẓ/ auf, welches Pardee als [ð'] interpretiert.[147] In selten Fällen steht jedoch auch aus bislang ungeklärten Gründen „<ġ> anstelle von etymologischem /ẓ/" (Übersetzung des Verfassers).[148] Während also im Ugaritischen sicher und im Kanaano-Akkadischen vielleicht protosemitisches *ṯ̣ (*ẓ) erhalten blieb, ist die Situation für das Amoritische nicht gänzlich geklärt. Streck interpretiert den Phonemreflex des protosemitischen *ṯ̣ unter Voraussetzung des Phonemzusammenfalls mit /ṣ/ primär als die emphatische Affrikate /ṣ/ → [t͡s'], hält aber auch den Erhalt eines distinkten Phonems für möglich.[149] Insgesamt sind die Rekonstruktionen der phonetischen Realisierung des Phonemreflexes von *ṯ̣ für den frühen nordwestsemitischen Raumes sehr divergent. Es ist nicht hinreichend geklärt, wann der Phonemzusammenfall mit /ṣ/ in den einzelnen Sprachen stattgefunden hat. So könnte in einzelnen nordwestsemitischen Dialekten der protosemitische emphatische Interdental /ẓ/ bis in die Zeit des Althebräischen hinein als [θ'] bzw. [ð'] erhalten geblieben sein. Andererseits könnte der Zusammenfall mit /ṣ/ bereits ab der Zeit des Amoritischen den gesamten nordwestsemitischen Raum erfasst haben oder zumindest Teile davon. Unter Voraussetzung eines Zusammenfalls mit /ṣ/ kann nur vermutet werden, ob es phonetisch als ejektivierter Sibilant ([s']), velarisierter Sibilant ([ɫ]) oder als ejektivierte Affrikate ([t͡s']) realisiert wurde. Da wir nun das Spektrum der möglichen lautlichen Varianten des Phonems /s/ und des Phonemreflexes /ṯ/ ergründet haben, können wir nun die phonetische Realisierung der Graphoneme *z* und *s* näher beleuchten.

Altägyptisches *z* und *s* sind problematische Graphoneme. Ursprünglich müssen (zumindest für den schriftbildenden Ausgangsdialekt) bezüglich *z* und *s* unterschiedliche Phoneme vorgelegen haben, die in der Schrift jeweils mit *z*

144 Vgl. Edzard: „Biblical Hebrew", S. 482 und Rendsburg: „Ancient Hebrew phonology", S. 73.

145 Vgl. ebd., S. 71 f.

146 Vgl. Izre'el: *Canaano-Akkadian*, 7.

147 Vgl. Pardee: „Ugaritic" (2008), S. 7 und 9.

148 Vgl. Tropper: „Ugaritic grammar", S. 95.

149 Vgl. Streck: „Amorite", S. 454.

und *s* ausgedrückt wurden. Ansonsten hätte kein Grund bestanden, für ein Phonem unterschiedliche Graphoneme zu verwenden. Aus der gelegentlichen Vertauschung von *z* und *s* im Altägyptischen schließt Edel, dass beide Graphoneme bereits zur Zeit der Pyramidentexte zusammengefallen sein müssen, das Schriftbild jedoch noch überwiegend der traditionellen Orthographie entspricht.[150] Ab dem Mittleren Reich sind beide Graphoneme austauschbar, im Koptischen stellt /s/ den Phonemreflex beider altägyptischer Graphoneme dar,[151] was ab dem Mittleren Reich durchgängig die phonetische Realisierung darstellen dürfte.

Edel deutet *z* und *s* konservativ, und zwar ursprünglich als /z/ → [z] und /s/ → [s]. Durch den Graphonemzusammenfall weisen in Edels Modell beide Graphoneme allerdings auch eine Allophonie beider Aussprachevarianten auf. Während Edel sich nicht festlegt, in welche Richtung der Phonemzusammenfall eintrat,[152] weist Allen auf den zunächst in der Richtung *z* > *s* einsetzenden Zusammenfall ab der 6. Dynastie hin, was demnach die ursprüngliche Richtung des Phonemzusammenfalls darstelle.[153] Die von Allen angeführten semitischen Kognaten *z, *ḏ, *s und *ṯ zu ägyptischem *z* zeigen ein indifferentes Bild, aufgrund von Wurzelinkompatibilitäten schließt er jedoch auf *z* → [θ].[154] Ägyptisches *s* sieht er kognat mit semitischem *ṯ, *š und *ś und weist dem Graphonem wegen dessen Wurzelinkompatibilitäten schließlich den Lautwert [s] zu.[155] Durch den konstatierten Phonemzusammenfall *z* > *s* am Ende des Alten Reichs setzt Allens Modell eine Allophonie für *z* → [θ, s] voraus (allerdings nicht für *s*). Der Graphonemzusammenfall *z* > *s* ist Allen zufolge jedoch erst ab der Spätzeit des Alten Reichs eingetreten,[156] und wäre somit auf die Referenzperiode der Pyramidentexte nicht übertragbar. Takács wiederum ermittelt zu ägyptischem *z* die semitischen Kognaten *z und *ḏ.[157] Er deutet jedoch altägyptisches /z/ konservativ als [z]. Takács zufolge ist ägyptisches /s/ kognat mit semitischem *s, *š und *ṯ[158] und interpretiert es phonetisch als [s]. Für Rössler hingegen ist *z* der stimmlose Repräsentant der zu einer Konsonantenreihe zusammengefallenen dritten, alveolaren (ursprünglich dentalen) Trias

150 Vgl. Edel: *Altägyptische Grammatik*, Bd. 1, S. 51.

151 Vgl. Peust: *Egyptian phonology*, S. 125 f.

152 S. ebd., S. 52.

153 S. Allen: *Egyptian language*, S. 46.

154 Vgl. ebd., S. 46.

155 Vgl. ebd., S. 46.

156 Vgl. ebd., S. 51.

157 Vgl. Takács: *Etymological dictionary*, Bd. 1, S. 263.

158 Vgl. ebd., S. 263. Vgl. aber Allen: *Egyptian language*, S. 46: Dort sind *ś, *š und *ṯ als Kognaten angegeben.

und der vierten, alveolaren Trias[159] und weist die Lautung [s] auf. Das Graphonem *s* nimmt Rössler zufolge die stimmlose Position der fünften, (palato)-alveolaren (ursprünglich lateralen) Trias[160] mit dem Lautwert [ʃ] ein.[161] Mit der These eines Palato-Alveolars verlässt Rössler den Rahmen der traditionellen Komparatistik, deren Überlegungen zu *z* und *s* sich nur um einen stimmhaften bzw. stimmlosen alveolaren Sibilanten drehen. Wegen „der sehr frühzeitigen Vermischung der beiden (stimmlosen!) Zischlaute im Ägyptischen“[162] sieht Rössler für *z* (nicht jedoch für *s*) eine Allophonie gegeben [s, ʃ], entsprechende etymologische Wortgleichungen für die jeweiligen Phonemreflexe aus protosemitischem *ṯ korrelieren daher bei Rössler sowohl mit ägyptischem *z* als auch mit *s*. Kammerzell wiederum baut die Rekonstruktion zu beiden Graphonemen auf Rösslers Annahmen auf. Allerdings schlägt Kammerzell neben *s* → [ʃ] auch eine affrizierte Variante vor (*s* → [t͡ʃ]). *z* reinterpretiert er als phonemisch mehrwertiges Graphonem unter Einschluss der Phoneme /s/, /t͡s/, /s’/ und /z/, wobei /s’/ und /z/ auch affriziert vorliegen können ([t͡s’] bzw. [d͡z]). /s’/ betrachtet er als graphemisch mehrwertiges Graphonem, welches auch durch das Graphonem *d* repräsentiert sein kann. Wiederum eine ganz andere Vermutung äußert Loprieno durch die affrizierte Interpretation von *z* als [t͡s], während *s* jedoch konservativ als [s] gedeutet wird. Peust sieht *z* und *s* als Sibilanten, ohne diese genauer zu definieren.[163]

Keines der Modelle bietet übereinstimmende Rekonstruktionen für beide Graphoneme, abgesehen vom marginalen Unterschied der Allophonie in Edels Modell im Vergleich zu Takács’ Modell. An den Divergenzen erkennt man

159 Vgl. Rössler: „Das Ägyptische als semitische Sprache“, S. 286–288.

160 Vgl. ebd., S. 291 f.

161 Tatsächlich ist es schwer zu bestimmen, welchen Lautwert Rössler für ägyptisches *s* = /ś/ annimmt, da dies durch Rössler selbst nicht definiert wird. Das Transkriptionszeichen selbst legt einen Lateral nahe, allerdings bezeichnet Rössler /ś/ als Zischlaut, was nicht (unbedingt) die Definition eines Laterals darstellt. Fraglich ist auch, welche Vorstellungen er von (proto-)semitischem /ś/ hatte, dessen Lautwert nach Rösslers System auf das ägyptische *s* übertragen würde. In Bergsträsser: *Einführung in die semitischen Sprachen*, welches die Semitistik über Jahrzehnte prägte, wird (proto-)semitisches *ś* noch als „palatales *s*, zwischen *s* und *š* liegender, dem *ich*-Laut entfernt ähnlicher Zischlaut“ definiert, was eigentlich einem [ɕ] und nicht einem Lateral entspricht, s. ebd, S. XIV. In ebd., S. 126 definiert Bergsträsser *ś* in Bezug auf das Mehri als „einen lateralen *sch*-Laut“. Rössler wird jedoch heutzutage in Bezug auf ägyptisches *s* = /ś/ eindeutig mit der Deutung als [ʃ] verstanden, s. ebendiese Definition bei Takács: *Etymological dictionary*, Bd. 1, S. 335. Auch im Modell Kammerzells, wo im Wesentlichen jede primäre phonetische Realisierung auf Rössler zurückgeht, wird *s* als [ʃ] interpretiert.

162 Rössler: „Das Ägyptische als semitische Sprache“, S. 286.

163 S. Peust: *Egyptian phonology*, S. 126.

deutlich, wie schwierig die Eruierung der altägyptischen Lautung von *z* und *s* ist. Tendenziell zeichnet sich hier die neuere Komparatistik dadurch aus, für mindestens eines der beiden Graphoneme eine phonetische Realisierung vorzuschlagen, die der traditionellen Komparatistik widerspricht. Durch beide komparatistischen Ansätze hindurch ist die Annahme eines stimmlosen alveolaren Sibilanten für /s/ der am meisten vertretene Vorschlag. Für /z/ ist der Vorschlag eines stimmlosen und/oder stimmhaften alveolaren Sibilanten, ggf. zumindest in einer allophonischen Variante, der häufigste Vorschlag. Kammerzell geht über den sonst üblichen Rahmen der sibilantischen Deutung von *z* und *s* hinaus, indem auch *d* ein emphatisches sibilantisches Allophon zugewiesen wird. Dies muss als lediglich marginale Meinung in den weiteren Überlegungen nicht berücksichtigt werden.

Nicht zwingend vorausgesetzt werden kann eine Allophonie von *z* mit dem Lautwert von *s* für die Referenzperiode. Zwar ließe sich bei Annahme eines bereits in der 5. Dynastie begonnenen Lautwandels auch für die Zeit Unas' und die Schlangenspruchpassagen dieser Graphonemzusammenfall annehmen und die Lautungsmöglichkeit von *s* auf *z* übertragen. Fraglich ist jedoch, ob für den Beginn des Zusammenfalls der beiden Graphoneme wirklich bereits die späte 5. Dynastie angenommen werden kann, wie von Edel vermutet.[164] Allen setzt hierfür die 6. Dynastie an,[165] Peust hingegen erst das Mittlere Reich.[166]

Die Schwierigkeit, die altägyptische Lautung für *z* und *s* zu ermitteln, hängt offenbar auch mit den indifferenten ägyptisch-semitischen Phonemkorrespondenzen des Mittleren und Neuen Reiches zusammen. Ab dem Mittleren Reich muss hier endgültig von einem Graphonemzusammenfall ausgegangen werden, so dass in den verschiedenen Auswertungen *z* unter *s* subsumiert wird (ausgenommen Hodges Auswertung zum Neuen Reich). Für das Mittlere Reich stellen die semitischen Korrespondenten zu *s* (realisiert als Sibilant wie /s/ im Koptischen)[167] nach Rössler /ṯ/, /ḏ/ und /ś/ dar, nach Hodge hingegen /ś/ und /s/. Die Auswertungen zum Neuen Reich bieten im Kern je nach Korrelationsmodell dieselben Korrespondenten, allerdings findet sich offenbar kein Beleg für den Korrespondenten /ḏ/, hinzu tritt außerdem Hoch zufolge /š/. Angezweifelt werden darf Hodges Deutung, wonach im Mittleren Reich semitisches /s/ den Korrespondenten sowohl zum Graphonem *s* (sowie *z* = *s*) als auch

164 S. Edel: *Altägyptische Grammatik*, Bd. 1, S. 51 f. Hier muss auch die Möglichkeit einer Fehlinterpretation Edels in Betracht gezogen werden. S. hierzu auch den Nachtrag in ebd., Bd. 2, S. LIX, wo das Beispiel *zjn*/*sjn* entwertet wird.

165 S. Allen: *Egyptian language*, S. 46.

166 S. Peust: *Egyptian phonology*, S. 126.

167 S. Allen: *Egyptian language*, S. 51.

zu *ṯ* bildet. Rössler hingegen lässt semitisches /s/ nur mit ägyptischem *ṯ* korrelieren. Im Neuen Reich wurde Hoch zufolge semitisches /s/ nur durch ägyptisches *ṯ* wiedergegeben. Die ägyptischen Lehnwörter des Hebräischen zeigen eine Affinität von sowohl ägyptischem *s* als auch *ṯ* zu Sā̊mεḵ. Lambdin bietet zwei Beispiele bezüglich ägyptischem *s* (*qεsεṯ* ‚Tintenfass‘ < *gstj* ‚Palette des Schreibers‘; *šā̊sā̊h* ‚plündern‘ < *šꜣs* ‚durchziehen‘) und ein Beispiel bezüglich ägyptischem *ṯ* (*sūp̄* ‚Schilf‘ < *ṯwfy* ‚Papyrus‘).[168] Dies kann jedoch weder auf die Referenzperiode übertragen werden noch Hodges indifferente Korrespondenten zu semitischem /s/ stützen, sondern muss im Kontext des jeweiligen vermuteten Entlehnungszeitraumes gelesen werden.

Vor dem geschilderten Hintergrund ist Steiners Korrelation *z* ⟶ /s/ für das Altägyptische schwierig zu beurteilen. Die semitischen Korrespondenzen in Fremdwörtern und Eigennamen sind wenig hilfreich, da ab dem Mittleren Reich der Graphonemzusammenfall *s* < *z* bereits vollzogen war, so dass der Befund keine klaren Rückschlüsse auf das Altägyptische bezüglich des Graphonems *z* zulässt. Auffällig ist dennoch, dass im Neuen Reich Hoch zufolge semitisches /s/ nur mit neuägyptischem *ṯ* korrespondiert. Hoch deutet dies als Hinweis auf ein affriziertes /s/ ⟶ [t͡s] im Kanaanäischen[169] sowie ein affriziertes *ṯ* ⟶ [t͡s], [t͡š] im Neuägyptischen.[170] Dies stellt auch hier einen interessanten Ansatz dar, wenn sowohl semitisches /s/ als auch ägyptisches *z* affriziert interpretiert werden. Daneben ist aus phonologischer Perspektive auch die Korrelation *z* ⟶ /s/ vor dem Hintergrund einer möglichen sibilantischen, nicht-affrizierten Lautung von ägyptischem *z* und einer möglichen nicht-affrizierten, stimmlosen Realisierung von semitischem /s/ vorstellbar. Dies bedeutet, dass in diesem Fall altägyptisches *z* und (nicht *s*) ein stimmloser Sibilant sein müsste, um die optimale Entsprechung zu bieten. Fraglich bleibt die Wahrscheinlichkeit dieser Deutung, da diese nur nach den Modellen Rösslers und Kammerzells möglich wäre. Bei Annahme einer Affrikate [t͡s] auf semitischer Seite stellt sich die Frage, ob *z* eine schlüssige Korrelation bieten kann, zumal in den konsultierten Modellen nur Loprieno und Kammerzell von einer affrizierten Variante *z* ⟶ [t͡s] im Altägyptischen ausgehen.[171] Hoch legt nahe, die frühe Assoziation (ab etwa Ende des Mittleren Reiches) von semitischem /s/ mit dem Graphonem *ṯ* durch die ursprünglich affrizierte Qualität von semitischem bzw. kanaanäischem /s/ ⟶ [t͡s] sowie die ursprünglich palatale Qualität

168 S. Lambdin: „Egyptian loan words“, S. 153, s. v. *sûp* und S. 154, s. v. *qeset* sowie S. 155, s. v. *šāsāh*.

169 Vgl. Hoch: *Semitic words in Egyptian texts*, S. 408.

170 Vgl. ebd., S. 429 f.

171 Zu einer möglicherweise affrizierten Aussprache von *z* s. auch Schenkel: „Das Wort für ‚König (von Oberägypten)‘“.

von ägyptischem *ṯ* → [c] zu begründen.[172] Dies wäre bei Annahme einer semitischen Affrikate /s/ → [t͡s] zwar auch für die Referenzperiode die viel wahrscheinlichere Korrelation, allerdings kann nach derzeitigem Stand für das frühe Nordwestsemitische hier nicht sicher von einer Affrikate ausgegangen werden. Steiners Interpretation *z* → /s/ ist zwar möglich, kann hier aber nur unter ganz bestimmten Voraussetzungen Gültigkeit besitzen.

Ebenso problematisch ist die Korrelation *s* → /ṯ̣/. In den Ächtungstexten und der Hayes-Liste lässt sich kein Korrespondent ausmachen, der einen Phonemreflex von *ṯ̣ darstellen könnte. Insofern bleiben nur die Korrespondenzen des Neuen Reiches als Näherungswert. Im Neuen Reich korreliert Hoch zufolge semitisches /ṯ̣/ teils mit ägyptischem *ṯ*, teils mit *ḏ*; nach Allen allerdings stellt nur ägyptisches *ṯ* den Korrespondenten zu /ṯ̣/ (neben /s/). Semitische Interdentale lassen sich für das Mittlere Reich, wenn man Rössler folgt, als Korrespondenten zu ägyptischem *s* und *ḏ* ausmachen. Fraglich ist bezüglich des nordwestsemitischen Ausgangsdialekts, ob man für das dritte vorchristliche Jahrtausend nordwestsemitisches *ṯ̣ als emphatischen Interdental, wie für das Protosemitische angenommen, interpretieren muss. Theoretisch wäre auch ein früher Phonemzusammenfall mit /ṣ/ und eine emphatische affrizierte ([t͡s']) oder emphatische sibilantische ([s'/s]) Aussprachemöglichkeit denkbar, wie für das Amoritische, Hebräische und Phönizische angenommen. Eine interdentale phonetische Interpretation von /ṯ̣/ bietet nur eine hinreichende Erklärung für die Korrelation *s* → /ṯ̣/, wenn das Graphonem *s* als alveolarer Sibilant gedeutet wird: Hoch stellt heraus, dass [s] universell betrachtet oftmals als Ersatz für fremdsprachige Interdentale von Sprechern gebraucht wird, deren Muttersprache keine Interdentale aufweist.[173] Auch das Altägyptische wies keine Interdentale auf, abgesehen von Allens marginaler Deutung *z* → [θ]. Eine nicht-affrizierte, sibilantische Deutung von /ṣ/ < *ṯ̣ würde ebenfalls gut mit ägyptischem *s* bei einer angenommenen beiderseitigen alveolaren sibilantischen Qualität korrelieren. Allenfalls ein affriziertes [t͡s'] für /ṣ/ < *ṯ̣ im Semitischen ließe sich viel eher, analog zu Hochs Vorschlag einer Korrelation von semitischem /s/ → [t͡s] und ägyptischem *ṯ* → [c], mit dem Graphonem *ṯ* durch die (überwiegend) angenommene ursprünglich palatale Qualität von *ṯ* → [c]/[c$^h$] assoziieren. Lambdin bietet zu den ägyptischen Lehnwörtern im Hebräischen nur eine sichere Korrelation mit Ṣāḏē. Allerdings nicht zu ägyptischem *ṯ*, sondern zu *ḏ* (vermutlich ebenfalls ein palataler Plosiv): *ṣī* ‚Schiff' <

172 Vgl. Hoch: *Semitic words in Egyptian texts*, S. 408. S. hierzu auch Loprieno: „Egyptian and Coptic phonology", S. 433.

173 Vgl. Hoch: *Semitic words in Egyptian texts*, S. 404, insbesondere Fußnote 17.

*ḏ'y* ‚Flussschiff'.[174] Dies ließe sich ebenfalls als Argument für ein affriziertes /ṣ/ ins Feld führen. Da jedoch für die Referenzperiode die Affrikate [t͡s'] für /ṣ/ < *ṯ̣ nicht zwingend vorausgesetzt werden kann, behält Steiners Interpretation s → /ṯ̣/ nur unter folgender Voraussetzung ihre Gültigkeit: Denkbar ist, dass zur Referenzperiode der Pyramidentexte kanaanäisches interdentales /ṯ̣/ noch vorherrschend war, welches mit einem angenommenen altägyptischen alveolaren *s* → [s] korrelieren könnte. Im Neuen Reich könnte nach Hochs Befund ein westsemitisches bzw. kanaanäisches affriziertes [t͡s'] für /ṣ/ < *ṯ̣ (korrelierend mit ägyptischem *ṯ*) vorgelegen haben, so dass nur bei diesem diachronen Modell Steiners Deutung mit Hochs Befund in Einklang zu bringen wäre. Damit allerdings semitisches interdentales /ṯ̣/ mit ägyptischem alveolaren *s* korrelieren kann, muss dieses die optimale Korrelation darstellen, und nicht etwa ägyptisches *z*. Dies bedeutet für das altägyptische *z*, dass dieses demnach nicht die Realisierung [s] aufweisen dürfte, da es sonst mit semitischem /ṯ̣/ korrelieren müsste. Damit also gleichzeitig ägyptisches *z* die optimale Korrelation zu semitischem /s/ darstellen kann, müsste *z* im Altägyptischen eine affrizierte Realisierung aufweisen; semitisches /s/ wäre dann ebenfalls affriziert zu interpretieren. Beide Voraussetzungen für ägyptisches *z* und ägyptisches *s* werden nur in Loprienos Modell erfüllt.

### 4.1.12 *š* → /ṣ̌/, /ṯ̣/

Die Korrelation von ägyptischem *š* mit semitischem /ṣ̌/ und /ṯ̣/ betrifft zwei Lexeme und tritt zweimal in Steiners Transkription in Erscheinung: *ʿbšw* = **ʿubuṣ̌ū* ‚beeilt euch' sowie *šw* = *ṯ(aw)ō* (Determinativ-Relativ-Pronomen).[175] Für das Altägyptische *š* gehen die Meinungen auseinander, ob man vom Postalveolar [ʃ] oder dem Palatal [ç] auszugehen hat. Einerseits lässt sich eine postalveolare Lautung von *š* als [ʃ] über den semitischen Korrespondenten /š/ rekonstruieren, der im Mittleren Reich immer mit ägyptischem *š* korreliert, sowie nach Allen im Neuen Reich ebenfalls immer mit *š* (und nie mit *s*, damit gegen Hoch).[176] Des Weiteren bildet im Koptischen der Postalveolar /š/ den Reflex des altägyptischen *š*.[177] Dies bildet die Grundlage für die konventionelle Sichtweise *š* → [ʃ], die sich bei Edel, Takács, Loprieno und zum Teil bei Allen

---

174 S. Lambdin: „Egyptian loan words", S. 153 f., s. v. ṣî.

175 Zu *šw* = *ṯ(aw)ō* als Determinativ-Relativ-Pronomen s. Steiner: *Semitic serpent spells*, S. 55.

176 S. Allen: *Egyptian language*, S. 205 f., Fußnote 3.

177 Vgl. Peust: *Egyptian phonology*, S. 115.

findet. Dieser Tradition entsprechend ermittelt Takács den semitischen Kognaten *ł bzw. die afroasiatischen Kognaten *ł und *t͡ł,[178] die einen eher sibilantischen Charakter von altägyptischem *š* nahelegen sollen. Andererseits betrachtet Allen *š* als kognat zu semitischem *ḥ*, was er als Hinweis auf einen ursprünglichen phonetischen Wert eines „back fricative" wertet.[179] Bis zum Ende des Alten Reiches bestand eine Ambivalenz mit dem palatalen Graphonem *ẖ*. Dieses Graphonem kam erst im 26. Jh. v. Chr. in Gebrauch,[180] also Jahrhunderte nach der Schrifterfindung. Nach Ansicht der traditionellen Komparatistik sowie Loprienos und Allens wird *ẖ* als [ç] gedeutet. Rössler und Kammerzell als weitere Vertreter der neueren Komparatistik gehen hingegen von [x] aus (nach Rössler zusätzlich auch allophonisch als [ħ] realisiert). Auffällig ist, dass *ẖ* früheres *š* oftmals ersetzte,[181] dies später jedoch nicht umgekehrt möglich war.[182] Dies wird als Hinweis darauf gedeutet, dass *š* eine Lautverschiebung erlebte, die zur Entstehung eines neuen Phonems und in Folge auch zu einem neuen Graphonem führte. Während der alte Lautwert von *š* auf das neu geschaffene *ẖ* übertragen wurde, verblieb der neue Lautwert bei *š*.[183] Bis zum Ende des Alten Reiches war die graphonemische Aufspaltung des früheren Einheitsgraphonems *š* abgeschlossen und die orthographische Distinktion von *š* und *ẖ* konventionalisiert.[184] Die spätere graphonemische Trennung weist Peust zufolge darauf hin, dass *š* ursprünglich ein palatales Graphonem repräsentiert, welches teils depalatalisiert als *š*, teils palatal als *ẖ* erhalten war.[185] Peust deutet den neuen Lautwert von *š* als [ʃ], legt sich jedoch nicht fest, welchen Lautwert der Palatal *ẖ* repräsentiert, dem deswegen das Phonem /$x_1$/ zugewiesen wird.[186] In dessen Modell ist außerdem davon auszugehen, dass für die Zeit der im Gang befindlichen Lautverschiebung und phonematischen Aufspaltung von *š* dieses zeitweise zwei Phoneme repräsentiert, also das ursprüngliche Phonem /$x_1$/ sowie das neue Phonem /ʃ/.[187] Peusts Annahme beruht hauptsächlich auf Rössler,[188] auch wenn hier nicht dessen Deutung übernommen wird. Im Modell Rösslers ist *š* → [ç] das palatale Gegengraphonem zu *ẖ* → [x,

178 Vgl. Takács: *Etymological dictionary*, Bd. 1, S. 263.
179 S. Allen: *Egyptian language*, S. 45.
180 Vgl. Peust: *Egyptian phonology*, S. 115.
181 S. hierzu ebd., S. 115 f.
182 Vgl. Allen: *Egyptian language*, S. 44.
183 Vgl. Peust: *Egyptian phonology*, S. 115.
184 Vgl. Allen: *Egyptian language*, S. 44.
185 S. Peust: *Egyptian phonology*, S. 115 f.
186 S. ebd., S. 115 und 117.
187 S. ebd., S. 115.
188 Vgl. ebd., S. 116.

ħ].[189] Rösslers Modell steht in dieser Sache dadurch im Widerspruch zur traditionellen Komparatistik, dass *š* als [ç] gedeutet wird und nicht *ẖ* für [ç] steht. Kammerzell folgt zu *š* wieder Rössler, schlägt jedoch ein phonemisch mehrwertiges Graphonem vor, das nicht nur /ç/ → [ç] (oder [c͡ç]), sondern auch das emphatische Phonem /ç'/ → [ç'] (oder [c͡ç']) umfasst. Allen sieht bei *š* für das Altägyptische noch das Phonem /ẖ/ repräsentiert und nimmt eine Allophonie an (/ẖ/ → [ç, ʃ]), wobei [ç] die ursprüngliche Lautung darstellt.[190]

Um die Korrelation *š* → /ṣ́/ genauer untersuchen zu können, benötigt das semitische Phonem noch eine genauere Betrachtung. *ṣ́ wird für das Protosemitische von Huehnergard und Kogan als emphatischer Lateral betrachtet ([ɬ']).[191] Ein entsprechendes Phonem mit dieser Lautung hält Izre'el auch für das Kanaano-Akkadische für möglich, auch wenn die Keilschrift hier keine sicheren Rückschlüsse zulässt.[192] Wann genau im Kanaanäischen der Zusammenfall mit /ṣ/ erfolgt ist, kann nicht sicher festgestellt werden. Rendsburg hält einen Erhalt von /ṣ́/ → [ɬ'] noch für die Zeit des Althebräischen auf dialektaler Ebene für möglich.[193] Für das Amoritische, Ugaritische, „Standard"-Althebräische und Phönizische geht man jedenfalls von einem Phonemzusammenfall mit /ṣ/ aus. Allerdings nimmt im Ugaritischen in seltenen Fällen /ẓ/ → [ð'] den Phonemreflex von *ṣ́ ein (und nicht /ṣ/).[194] Die phonetischen Varianten des Nordwestsemitischen bezüglich /ṣ/ wurden bereits erläutert. Insgesamt geht man von einer sibilantischen ejektivierten, teils von einer affrizierten phonetischen Realisierung aus: [s'] oder [t͡s']; für das Althebräische wird auch [s̰] oder [t͡s̰] angenommen.

Die ägyptisch-semitischen Korrespondenzen können Steiners Zuordnung *š* → /ṣ́/ nicht stützen. Im Mittleren Reich steht als semitischer Korrespondent zu ägyptischem *š* (realisiert als [ʃ] wie im Koptischen)[195] stets /š/, im Neuen Reich nach Hoch meist für semitisches /š/, daneben noch in geringerem Maße für /ṯ/ und /ś/. Allerdings hat Allen Korrekturen an Hochs Befund vorgenommen und schließt nur auf den Korrespondenten /š/ zu ägyptischem *š*. Der emphatische Lateral /ṣ́/ lässt sich Allen zufolge nur als Korrespondent zu ägyptischem *ḏ* ausmachen. Auch Quack widerspricht Hochs Interpretation einer Korrespondenz von semitischem /ṯ/ mit ägyptischem *š*, zumindest in einzelnen Fällen von

189 Vgl. Rössler: „Das Ägyptische als semitische Sprache", S. 303.
190 Vgl. Allen: *Egyptian language*, S. 45.
191 Vgl. Huehnergard: „Afro-Asiatic", S. 229 und Kogan: „Proto-Semitic", S. 54.
192 Vgl. Izre'el: *Canaano-Akkadian*, S. 7.
193 Vgl. Rendsburg: „Ancient Hebrew phonology", S. 72.
194 Vgl. Tropper: „Ugaritic grammar", S. 96.
195 S. Allen: *Egyptian language*, S. 54.

Hochs diesbezüglichen Beispielen.[196] Jedenfalls ist eine derartige Korrespondenz für das Mittlere Reich nicht belegt und kann im Hinblick auf Allens Zuordnungen für das Neue Reich nicht zwingend vorausgesetzt werden. Eine Perspektive bietet sich noch darin, die Betrachtung auf den nicht-emphatischen Lateral /ś/ aufgrund der lautlichen Ähnlichkeit auszuweiten. /ś/ wird für das Protosemitische als [ɬ] interpretiert, für den frühen nordwestsemitischen Raum teils dementsprechend mit lateraler Qualität, teils als [s], nur im Ugaritischen ist *ś mit /š/ → [ʃ] zusammengefallen. /ś/ korrespondiert im Mittleren Reich immer mit ägyptischem *s*. Für das Neue Reich stellt Hoch zufolge ägyptisches *s* öfter den Korrespondenten zu /ś/ als *š*.[197] Die von Hoch berücksichtigten sicheren sowie einigermaßen gesicherten Beispiele weisen eine Verteilung 8:2 auf.[198] Allen hingegen korrigiert Hochs Befund, indem /ś/ nur mit ägyptischem *s* assoziiert wird. Damit stimmt Allen diesbezüglich mit Hodge sowie dem Befund des Mittleren Reiches überein. Quack und Vittmann lehnen Hochs Korrespondenz von semitischem /ś/ mit ägyptischem *š* ab, beziehen sich jedoch nur auf ein Beispiel,[199] welches von Hoch selbst bereits als fraglich gekennzeichnet ist.[200]

Bei Hoch korreliert nicht-emphatisches /ś/ nur in ganz wenigen Fällen mit *š*. Unter Voraussetzung einer lateralen Qualität von /ś/ bietet Hoch hierfür folgend Erklärung: „If /ś/ was the unvoiced lateral, Egyptian *s* would better indicate the sharpness of the fricative, but Egyptian *š* would more closely approximate the sound created by the broad lateral friction.“[201] Dies soll kurz gesagt heißen: laterales /ś/ ließe sich unter phonetischen Gesichtspunkten genauso gut mit ägyptischem *s* wie auch mit *š* assoziieren.

---

196 S. Quack: „Rezension zu James E. Hoch, Semitic words in Egyptian texts“, S. 511, betreffend Nr. 387 f. und Nr. 390.

197 Vgl. Hoch: *Semitic words in Egyptian texts*, S. 409.

198 Vgl. ebd., S. 433.

199 S. Quack: „Rezension zu James E. Hoch, Semitic words in Egyptian texts“, S. 509 sowie Vittmann: „Rezension zu James E. Hoch, Semitic words in Egyptian texts“, S. 281, beide Nr. 85 betreffend. Tatsächlich erscheint wenig einleuchtend, weshalb die Hautkrankheit *ʿršn.t* nicht von semitisch **ʿdš* ‚Linsen‘ stammen sollte, wo Hoch mit dem (allerdings singulären) Beispiel aus dem Arabischen *ʿadasa* ‚a small pustule resembling a lentil‘ sogar selbst eine mögliche Herleitung der Bedeutung liefert, s. Hoch: *Semitic words in Egyptian texts*, S. 76. Auch der Thesaurus Linguae Aegyptiae sieht einen Zusammenhang von *ʿršn.t* ‚Hautkrankheit‘ und *ʿršn* ‚Linsen‘ gegeben, s. Richter/Werning (Hrsg.): *Thesaurus Linguae Aegyptiae*, s. v. *ʿršn.t*, https://thesaurus-linguae-aegyptiae.de/lemma/883370, 3.6.2023. S. hierzu auch Albright: *Syllabic orthography*, S. 57, XV 12.

200 S. Hoch: *Semitic words in Egyptian texts*, S. 75 f.

201 Ebd., S. 410.

Nach den geschilderten Faktoren ergeben sich jedoch wenig Anhaltspunkte dafür, Steiners Korrelation š → /ṣ́/ als plausibel erscheinen zu lassen. Der Befund des Mittleren und Neuen Reiches (wenn man diesbezüglich Allen folgt) zeigt klar, dass von ägyptischer Seite der semitische Lateral /ś/ mit dem ägyptischen alveolaren Sibilanten *s* assoziiert wird, und nicht etwa mit *š*; nach Allens Interpretation korreliert im Neuen Reich emphatisches /ṣ́/ zwar mit ägyptischem *ḏ*, jedoch ändert dies nichts an der Widersprüchlichkeit von Steiners Korrelation. Wenn man diesen Befund auf die Referenzperiode der Pyramidentexte überträgt, zeigt sich ein klarer Gegensatz zu Steiners Korrelation: Unter Annahme eines lateralen Lautwertes von semitischem /ṣ́/ sowie eines ganz überwiegend angenommenen alveolaren [s] für ägyptisches *s* sowie dem bereits vorliegenden „neuen" Lautwert bzw. Phonem von *š* (ganz überwiegend als Postalveolar [ʃ] gedeutet) erscheint es absolut unschlüssig, dass hier für einen semitischen Lateral eine andere Korrespondenz als im Mittleren Reich (und Allen zufolge auch im Neuen Reich) vorgelegen haben soll, wo doch für das Altägyptische dieselben Lautwerte angenommen werden können. Steiner bietet hierfür keine plausible Lösung: die etymologische Herleitung von ägyptisch *ʿš* ‚libanesische Tanne'[202] von semitisch * *ʿi ṣ́* ‚Baum, Holz' kann nicht als Beleg für diese Korrelation dienen, da das singuläre Beispiel fraglich ist und dem sprachhistorischen Befund entgegensteht. Wenn man nun für /ṣ́/ bereits von einem Phonemzusammenfall mit /ṣ/ ausgeht und die späteren Aussprachevarianten ([s'], [t͡s'], [s], [t͡s]) zugrunde legt, so würden sich vorrangig andere Korrelationen anbieten, wie im vorherigen Kapitel zu *s* → /ṣ/ < *ṯ besprochen. Eine nicht-affrizierte, sibilantische Deutung von /ṣ/ würde eher mit ägyptischem *z* respektive *s* korrelieren, ein affriziertes [t͡s'] für /ṣ/ ließe sich phonetisch viel eher mit dem Graphonem *ṯ* assoziieren. Für /ṣ́/ kann ein Phonemzusammenfall hier ohnehin nicht zwingend vorausgesetzt werden, auch widerspricht eine laterale Realisierung von /ṣ́/ der Korrelation mit *š*, so dass Steiners Korrelation *š* → /ṣ́/ als zweifelhaft gelten muss.

Ägyptisches *š* soll Steiner zufolge neben /ṣ́/ auch für /ṯ/ stehen. Für den frühen nordwestsemitischen Raum nimmt man allgemein an, dass /ṯ/ als stimmloser Interdental [θ] zu interpretieren ist. Im Althebräischen ist *ṯ mit Šīn zusammengefallen; wie uns jedoch die berühmte Shibboleth-Episode aufzeigt, ist /ṯ/ auf dialektaler Ebene noch in althebräischer Zeit teils erhalten.[203] Für das Phönizische geht Hackett davon aus, dass /š/ als [s] realisiert wurde.[204]

202 Vgl. Richter/Werning (Hrsg.): *Thesaurus Linguae Aegyptiae*, s. v. *ʿš*, https://thesaurus-linguae-aegyptiae.de/lemma/40940, 3.6.2023.
203 S. Rendsburg: „Ancient Hebrew phonology", S. 69 f.
204 Vgl. Hackett: „Phoenician and Punic", S. 87.

Insgesamt stellt die phonetische Interpretation als Interdental die wahrscheinlichste Realisierung für die Referenzperiode dar. Im Mittleren Reich bildet Rössler zufolge *s* den Korrespondenten zu semitischem /ṯ/, was unter Voraussetzung eines Interdentals im Semitischen und eines alveolaren Sibilanten im Ägyptischen analog zur Korrelation *s* → /ṯ/ eine plausible Assoziation darstellt. Im Neuen Reich bildet Hoch und Hodge zufolge auch *š* den Korrespondenten zu semitischem /ṯ/. Nach Allen ist für das Neue Reich ausschließlich die Korrespondenz von /ṯ/ zu ägyptischem *s* gegeben, während der emphatische Interdental /θ̣/ mit *ṯ* korreliert. Bezüglich der ägyptischen Lehnwörter im Althebräischen bietet Lambdin sieben Beispiele, in denen Šīn mit *š* korreliert, wobei hiervon drei Beispiele zusätzlich eine Korrelation von Šīn mit *s* enthalten.[205] Für Steiners Zuordnung *š* → /ṯ/ stellt sich nun folgendes Problem: Weder bei Annahme eines palato-alveolaren [ʃ], noch bei Annahme eines palatalen [ç] für altägyptisches *š* lässt sich vor dem Hintergrund der sprachhistorischen Belege eine Assoziation mit einem Interdental schlüssig begründen. Eine derartige Korrespondenz ist, wenn man Allens Ansicht folgt, für das Neue Reich nicht belegt. Auch ist diese Korrelation für das Mittlere Reich nicht belegt, wo für das altägyptische Graphonem und das semitische Phonem ebenfalls noch die Lautwerte der Referenzperiode anzunehmen sind. Offensichtlich wäre auch hier die Korrelation zu dem (vermutlich alveolaren) ägyptischem *s* viel plausibler, wie die belegte Korrespondenz von *s* zu /ṯ/ im Mittleren und Neuen Reich nahelegt. Insofern muss Steiners Zuordnung *š* → /ṯ/ als fraglich gelten.

### 4.1.13 *k* → /ḳ/

Steiner setzt eine Korrelation von semitischem /ḳ/ mit dem Graphonem *k* voraus. Dies trifft auf die Transkription *kw* = **ḳaww* ‚Ausspruch' bzw. *kbb* = **ḳabōb* ‚Zauberspruch' zu. Für das frühe Nordwestsemitische kann generell von /q/ → [k'] ausgegangen werden, bezüglich des Kanaanäischen ist auch eine Realisierung /ḳ/ → [q] denkbar, wie sie für das Althebräische angenommen wird. Zunächst stellt sich die Frage, wie ein stimmloser velarer bzw. uvularer Plosiv mit dem Graphonem *k* korrelieren kann, wo das Altägyptische augenscheinlich auch bessere phonetische Assoziationen bietet. Altägyptisches *k* wird zumeist für einen stimmlosen velaren Plosiv gehalten, teils wird

205 Nach Lambdin kann *šūšan* < *ssn* ‚Lilie' als Beleg für eine Korrespondenz von Šīn mit *s* angeführt werden, da Lambdin zufolge erst im Hebräischen eine Assimilation des ersten Sibilanten an das zweite Šīn erfolgte, s. ebd., S. 154, s. v. *šûšan*. Allerdings geht Kitchen davon aus, dass auch die Nebenform *ššn* des Mittleren Reiches entlehnt worden sein könnte, so dass hier durchaus auch eine doppelte Korrespondenz von Šīn mit *š* vorliegen kann, s. Kitchen: „Lotuses and lotuses".

jedoch auch eine aspirierte oder palatalisierte Aussprachevariante angenommen ($k^h$], [$k^j$], [$k^{jh}$]). Dies hängt davon ab, welches distinktive Merkmal zur Abgrenzung von *g* vorausgesetzt wird. Das distinktive Merkmal wird „klassisch" als Stimmbeteiligungskorrelation gedeutet, und *g* somit als [g] – wie es bereits durch das Transkriptionszeichen indiziert wird. Allerdings vermuten Edel und Allen aufgrund belegter Aspirationskorrelation im Koptischen, dass *g* ursprünglich stimmlos war und das distinktive Merkmal zu *k* in der Aspiration bestanden haben könnte: /g/ → [k] ↔ /k/ → [$k^h$].[206] Allen hält auch „in einigen Wörtern" (Übersetzung des Verfassers) ein palatalisiertes (womöglich dialektales) Allophon für möglich: /k/ → [$k^j$] oder [$k^{jh}$].[207] Analog dazu weist Edel auf schwankende Schreibungen von *k* und *ṯ* hin, was nach Edel auf die Entstehung von *ṯ* durch Präpalatalisierung aus ursprünglichem *k* → [k] zurückzuführen ist.[208] Dies führt in seinem Modell zu einer teils palatalisierten Allophonie von *k* → [c/$c^h$]. Peust jedoch schließt aus, dass *k* (wie auch *q* oder *g*) ein „Palatal in früheren Zeiten" (Übersetzung des Verfassers) gewesen ist.[209] Er sieht *k* als einen aspirierten Laut, der jedoch zur Zeit des Altägyptischen womöglich auch noch unaspiriert vorgelegen haben könnte, ohne *k* genau zu definieren. Nach Loprieno bildet Ejektivierung das distinktive Merkmal von *g* → [k'] (gegenüber /k/ → [$k^h$]). Kammerzell vertritt für *g* wieder die Ansicht eines phonemisch mehrwertigen Graphonems, wobei g → /ŋ/ und /$g^w$/ neben die „klassische" Interpretation von *g* und *k* als stimmhafte bzw. stimmlose Phoneme treten. Auf Kammerzells Hinweis bezüglich orthographischer Auffälligkeiten bei Schreibungen mit *g* beruht wiederum Peusts Ansicht, wonach *g* ein labialisiertes Allophon /$k_2^w$/ des ansonsten nur als /$k_2$/ bezeichneten Phonems aufweist.[210] Ebenso wird hier auch für *q* eine genaue Interpretation vermieden,[211] welches bei Peust im Altägyptischen nur durch ein labialisiertes Phonem /$k_1^w$/ repräsentiert wird.[212] *g* → [g] oder *g* → [k] stellt insgesamt den am meisten vertretenen Ansatz dar. Demgegenüber wird *q* allgemein als ejektivierter Velar ([k']) oder Uvular ([q]) gedeutet. Die altägyptischen Lautwerte

206 Vgl. Edel: *Altägyptische Grammatik*, Bd. 1, S. 48 f. und Allen: *Egyptian language*, S. 47.

207 Vgl. ebd., S. 53.

208 Vgl. Edel: *Altägyptische Grammatik*, Bd. 1, S. 48 f.

209 S. Peust: *Egyptian phonology*, S. 107. S. auch ebd., S. 114, wo für die altägyptische Lautung von *k* keine palatale Allophonie oder dergleichen angegeben wird.

210 S. ebd., S. 107, 111 und 114.

211 Auf den ersten Blick sieht es so aus, als ob *q* bei Peust für das Altägyptische durch ein Phonem /$k_1$/ repräsentiert wird, jedoch stellt Peust bezüglich /$k_1$/ fest: „This phoneme is absent in Old Egyptian," ebd., S. 108.

212 Ebd., S. 110: „We therefore have to consider velar no. 4 [/$k_1^w$/] to be a phoneme on its own which has always been distinct from velar no. 3 [/$k_1$/]."

werden unter anderem über die semitischen Kognaten ermittelt, die *g zu ägyptischem *g*, *k zu ägyptischem *k* und *ḳ zu ägyptischem *q* darstellen.[213] Im Koptischen kam es allerdings bei den Reflexen zu *g*, *k* und *q* jeweils zu einer Phonemaufspaltung mit teilweisem Phonemzusammenfall untereinander, der hier nicht im Detail besprochen werden kann.[214] Da dabei auch Patalisierungsprozesse[215] eine Rolle spielten, lassen sich über das Koptische die ursprünglichen Lautungen nicht bestimmen.

Hingegen sind noch die Vergleichswerte der ägyptisch-semitischen Korrespondenzen des Mittleren und Neuen Reiches in phonetischen Korrelationsfragen dienlich. Im Mittleren Reich korreliert semitisches /ḳ/ noch gleichmäßig mit dem Graphonem *q* bei einer Vielzahl von Beispielen. Man kann also davon ausgehen, dass zur Zeit des Mittelägyptischen *q* einen dem nordwestsemitischen /ḳ/ ähnlichen Laut aufgewiesen haben muss. Zur Zeit des Neuen Reiches ist die Situation Hoch zufolge indifferenter – bei Hochs sicher identifizierten Entlehnungen korreliert semitisches /ḳ/ in ca. 70 % der Fälle mit *q*, in ca. 20 % der Fälle mit *g* und in ca. 10 % der Fälle mit *k*.[216] Die Korrespondenz mit *k* betrifft fast ausschließlich die vordere Wortgrenze.[217] Nach dem Befund des Neuen Reiches (wenn man diesbezüglich Hoch folgt) wäre also die Korrelation *k* → /ḳ/ möglich. Steiner verweist insbesondere hier auch auf die bei Hoch belegte Korrespondenz *k* → /ḳ/ des Neuen Reiches an der vorderen Wortgrenze,[218] so dass dies demzufolge ebenfalls für **ḳaww* und **ḳabōb* in Betracht zu ziehen wäre.

Von Meeks, Quack und Vittmann indes werden mehrere der von Hoch getroffenen Zuordnungen von semitischem /ḳ/ zu ägyptischem *k* und *g* entwertet bzw. in Frage gestellt.[219] Dies betrifft für die Korrespondenz *g* → /ḳ/ Hochs Beispiel Nr. 227 *mgr* ‚rösten, grillen',[220] welches von Quack als „sicher echtägyptisch" eingeordnet wird; für Nr. 382 *sg* ‚(Weg) öffnen'[221] wird durch

213 S. Allen: *Egyptian language*, S. 46 f. und Takács: *Etymological dictionary*, Bd. 1, S. 263.

214 S. Peust: *Egyptian phonology*, S. 107.

215 S. ebd., S. 120–123.

216 S. Hoch: *Semitic words in Egyptian texts*, S. 432.

217 Vgl. ebd. S. 411.

218 Vgl. Steiner: *Semitic serpent spells*, S. 28.

219 S. Meeks: „Les emprunts Égyptiens" sowie Quack: „Rezension zu James E. Hoch, Semitic words in Egyptian texts" und Vittmann: „Rezension zu James E. Hoch, Semitic words in Egyptian texts".

220 Vgl. Richter/Werning (Hrsg.): *Thesaurus Linguae Aegyptiae*, s. v. *mgr*, https://thesaurus-linguae-aegyptiae.de/lemma/600648, 4.6.2023.

221 Vgl. ebd., s. v. *sg*, https://thesaurus-linguae-aegyptiae.de/lemma/147080, 4.6.2023.

Quack auf eine mögliche Alternativdeutung hingewiesen; für die Korrespondenz *k* → /ḳ/ nach Hoch wird das Beispiel Nr. 61 *ya=qa=ma* ‚Vogelfänger‘[222] von Vittmann mit einem Verweis auf eine anderslautende Etymologie bei Schneider[223] abgelehnt. Zu Nr. 464 *kmḥ* (ein Gebäck)[224] sei noch auf einen Vorschlag Meeks verwiesen, wonach hierin nur eine Alternativschreibung zu *qmḥ* ‚Brot‘[225] zu sehen ist. Keine Widerlegung von Hochs Deutung einer Alternativschreibung von Nr. 437 *krt* ‚Stadt‘[226] aus semitisch **qarta* kann in der Deutung des Namens *ka-ra-tá-m-ru-tá* als „Kar-Tam(a)rut“ gesehen werden, da selbst Helck diese Etymologie stark anzweifelt.[227] Trotz den genannten Korrekturen an den Interpretationen Hochs bleiben stimmige bzw. von Hoch als (einigermaßen) gesichert betrachtete Korrelationen von *g* und *k* zu semitischem /ḳ/ neben der häufigeren Korrespondenz mit *q* bestehen.

Man kann den Befund des Neuen Reiches hier jedoch nicht einfach auf die Situation des Alten Reiches rückübertragen. Für das Mittelägyptische kann man in dieser Frage noch die lautlichen Entsprechungen des Altägyptischen annehmen, daher auch die regelmäßige Korrelation von *q* zu semitischem /ḳ/. Bezüglich der Fälle mit *q* an der vorderen Wortgrenze bestehen nach Helck keine Interpretationen, die einer Identifikation mit semitischem *q* widersprechen. Offensichtlich sind auch Rössler und Hodge zu keinen anderen Ergebnissen gelangt. Demgegenüber werden für das Neuägyptische bereits wesentliche Veränderungen des velaren und uvularen Spektrums angenommen. Je nach Rekonstruktionsmodell werden die Lautverschiebungen wie folgt datiert:[228] *q* ist nach Allen ab dem Neuen Reich vermutlich gelegentlich palatalisiert ([$k^j$] oder [$g^j$]);[229] nach Peust hingegen trat die Palatalisierung der velaren Plosive nach der 20. Dynastie ein, wobei der genaue Zeitpunkt nicht genau bestimmt werden kann. Er hält es jedoch für wahrscheinlich, dass die Palatalisierung von *q* nicht vor dem 4. Jahrhundert v. Chr. eintrat. Im Unterschied dazu soll *k* nach Peust im Neuägyptischen das Aspirationsmerkmal aufgewiesen ha-

222 Vgl. Hoch: *Semitic words in Egyptian texts*, S. 56.

223 S. Schneider: *Asiatische Personennamen*, S. 61 f., zitiert nach Vittmann: „Rezension zu James E. Hoch, Semitic words in Egyptian texts“, S. 281.

224 Vgl. Richter/Werning (Hrsg.): *Thesaurus Linguae Aegyptiae*, s. v. *kmḥ*, https://thesaurus-linguae-aegyptiae.de/lemma/164670, 4.6.2023.

225 Vgl. ebd., s. v. *qmḥ*, https://thesaurus-linguae-aegyptiae.de/lemma/875762, 4.6.2023.

226 Vgl. Hoch: *Semitic words in Egyptian texts*, S. 302 f.

227 S. Helck: *Die Beziehungen Ägyptens zu Vorderasien* (1971), S. 144.

228 S. Peust: *Egyptian phonology*, S. 107, 114 und 121 sowie Allen: *Egyptian language*, S. 51–54.

229 Auf einen Zusammenhang von *q* mit Palatalen weisen auch Wurzeldubletten von *q* und *ḏ* hin, s. ebd., S. 49.

ben, aber nicht palatalisiert gewesen sein. Allen hingegen plädiert auf das Neuägyptische bezogen für einen aspirierten Palatal „vielleicht in einigen Wörtern oder Dialekten“[230] (Übersetzung des Verfassers), neben der Beibehaltung als Velar, wobei *k* in seinem Modell bereits seit dem Altägyptischen zum Teil palatalisiert gewesen sein könnte: „the consonant [*k*] had this [palatal] feature in at least some words, probably allophonic and perhaps also dialectal, early in its history.“[231] Die genauen Prozesse lassen sich nur ungefähr erschließen. Jedenfalls kann man annehmen, dass während des einsetzenden Lautwandels, je nach dialektaler Vorprägung oder eventuellen stellungsbedingten Allophonien auf ägyptischer Seite ggf. *q* nicht mehr unbedingt die optimale Korrelation zu semitischem /ḳ/ darstellte, und somit auch teils andere Alternativen gewählt wurden. So lassen sich die indifferenten Korrespondenzen des Neuen Reiches nach Hoch schlüssig erklären. Demgegenüber behandelt Steiner überhaupt nicht den Lautwandel von ägyptischem *q* und überträgt die Korrespondenzen des Neuen Reich unreflektiert auf das Altägyptische.

Zudem ist es sehr auffällig, dass für das Mittlere Reich derart viele Korrespondenzen *q* → /ḳ/ in einer regelmäßigen Entsprechung belegt sind. Auch in „umgekehrter Richtung“ treten im Ägyptischen zur Zeit des Mittleren Reiches Lehnwörter aus dem Semitischen mit derselben Korrelation auf.[232] Die Lautung der Graphoneme *k* und *q* muss für das Mittelägyptische noch dem Stand des Altägyptischen entsprochen haben. Die sonst typischen Zeichen eines Lautwandels, Zeichenverwechslungen oder schwankende Schreibungen zwischen zwei Graphonemen, treten hier erst ab dem Neuen Reich in Erscheinung. In diesem Fall sind es schwankende Schreibungen zwischen *g* und *q*, die Allen auf die eintretende teilweise Palatalisierung beider Phoneme zurückführt.[233] Die Lautveränderungen ab dem Neuen Reich treten auch in den ägyptischen Lehnwörtern im Hebräischen merklich in Erscheinung, da Lambdin zwei Lehnwörter mit der Korrelation Qōp̄ zu *g* führt sowie eines mit der Korrelation Gīmɛl zu *q*.[234] Es bieten sich folglich weder aus phonologischer noch aus sprachhistorischer Sicht Anhaltspunkte, die Steiners Korrelation *k* → /ḳ/ stützen.

230 Ebd., S. 54.

231 Ebd., S. 47.

232 S. Peust: *Egyptian phonology*, S. 108 f.

233 S. Allen: *Egyptian language*, S. 47.

234 S. Lambdin: „Egyptian loan words“, S. 149, s. v. *gōmeʾ* sowie S. 154, s. v. *qôp* und S. 154, s. v. *qeset*.

Steiner führt hier jedoch eine neue These ein, indem mit der *voice onset time* der Plosive argumentiert wird.[235] Er bezieht sich dabei auch auf das Beispiel *Kbn* = *Gbl* ‚Byblos'. Dieses stammt von außerhalb der Quelle und enthält ebenfalls eine Korrelation zum Graphonem *k*, hier allerdings zu semitischem /g/ ⟶ [g]. Bei *Kbn* handelt es sich um ein Toponym, welches bereits im Alten Reich belegt ist.[236] Die Korrelation von sowohl semitischem /g/ als auch /ḳ/ zu dem Graphonem *k* begründet Steiner mit einer These über die *voice onset time*-Werte der altägyptischen Plosive. *Voice onset time* (VOT) bedeutet „Stimmeinsatzzeit". Der Messwert der VOT gibt absolut in Millisekunden die Zeit „zwischen der Lösung eines Verschlusslautes (Plosiv/Okklusiv) und dem Einsetzen des Stimmtons eines folgenden Sonoranten" an.[237] Stimmhafte Plosive weisen einen negativen Wert auf, stimmlose, nicht-aspirierte Plosive einen leicht positiven Wert und stimmlose, aspirierte Plosive einen höheren positiven Wert.[238] Steiner erklärt die These bezüglich der ägyptischen Plosive über eine Analogie, indem die Stimmeinsatzzeiten der Plosive im Spanischen und Navajo miteinander verglichen werden. Dies soll erklären, inwieweit sich Plosive unterschiedlicher Sprachen phonetisch assoziieren lassen, wenn das kontrastierende distinktive Merkmal der jeweils anderen Sprache nicht übereinstimmt. Steiners Ausführungen müssen hier nicht im Detail wiedergegeben werden. Zusammengefasst lässt sich sagen, wenn eine Sprache die plosiven Phoneme eines Artikulationsortes zum Beispiel anhand des Merkmals der Aspiration unterscheidet und nur stimmlose Plosive aufweist (nur positive VOT-Werte), so steht kein phonetisch passender Laut zur Verfügung, um einen fremdsprachigen stimmhaften Plosiv (mit negativem VOT-Wert) wiederzugeben. Steiner überträgt diese Annahme auf das Altägyptische und erklärt die Korrelation *k* ⟶ /g/, /ḳ/ auf folgende Weise: Ägyptisches *g* hätte (neben *d* und *ḏ*) „extreme VOT values, whether positive or negative,"[239] aufgewiesen. An dieser Stelle folgt in Steiners Untersuchung lediglich die bereits angesprochene Betrachtung der VOT-Werte des Spanischen und Navajo. Steiner unterlässt es, die Ergebnisse der Analogie konkret auf das Altägyptische zu übertragen. Von daher ist es der Leserschaft überlassen, seine Annahme eines „extremen" positiven oder negativen VOT-Wertes des Graphonems *g* so zu deuten, dass sich hieraus die Korrelation *k* ⟶ /g/, /ḳ/ erschließt. Zudem sieht Steiner die

235 S. Steiner: *Semitic serpent spells*, S. 59 f.

236 Vgl. Sethe: *Ächtung feindlicher Fürsten*, S. 55.

237 Künzel: „Voice Onset Time", S. 65. Zur VOT s. auch Ladefoged/Ferrari Disner: *Vowels and consonants*, S. 138–141.

238 Vgl. Künzel: „Voice Onset Time", S. 65.

239 Steiner: *Semitic serpent spells*, S. 59 f.

„extremen“ positiven oder negativen VOT-Werte nur bei *g* gegeben, nicht jedoch bei *k*. Seine Ausführungen lassen nur folgende Deutungen zu: Bei Annahme einer stark positiven VOT von *g* ist die Analogie des Navajo und Spanischen auf das Altägyptische folgendermaßen zu übertragen: Ägyptisches *g* wäre demnach kein „echter“ stimmhafter Laut, wie die Transkription nahelegt, sondern in Wirklichkeit ein stimmloser aspirierter Laut (aspiriert [$k^h$]). Es bleibt nur diese Deutung, da nur die Aspiration zu einem hohen positiven VOT-Wert führt. Folglich hätte das Graphonem *g* nicht die phonetische Qualität, um semitisches /g/ wiederzugeben, weswegen die Korrelation *k* → /g/ präferiert wurde. Oder aber, bei Annahme eines stark negativen Wertes von ägyptischem *g* wäre die Stimmhaftigkeit derart ausgeprägt, dass semitisches /g/ sich eher mit (unaspiriertem) *k* (mit nur leicht positiver VOT) assoziieren lässt. Diese Deutung entstammt nicht Steiners Ausführungen zu der Analogie über das Navajo und das Spanische, sie lassen aber keinen anderen Schluss zu.

Gegen Steiners Ausführungen bestehen folgende Einwände: Erstens, selbst wenn sich semitisches /g/ phonetisch geeigneter mit altägyptischem *k* assoziieren lässt, so besteht hierin noch keine Erklärung dafür, wieso semitisches /ḳ/ mit ägyptischem *k* korrelieren sollte. Augenscheinlich wäre das altägyptische *q* → [q]/[k’] viel besser geeignet. Steiners kurzer Verweis auf die Korrespondenz *k* → /ḳ/ des Neuen Reiches ist, wie oben dargelegt, ungenügend und irreführend, da sich der phonetische Wert von *k* zum Neuägyptischen hin verändert hat. Zweitens, im Mittleren Reich korrespondiert semitisches /ḳ/ ausschließlich mit dem Graphonem *q*. Anzeichen für einen inzwischen erfolgten Lautwandel sind nicht erkennbar, demnach erscheint es äußerst unwahrscheinlich, dass im Alten Reich *k* die phonetisch optimale Korrespondenz zu semitischem /ḳ/ darstellt. Drittens, Steiner baut die Hypothese auf dem Beispiel *Kbn* = *Gbl* ‚Byblos‘ auf. Allerdings handelt es sich hier um ein singuläres Beispiel. Toponyme aus einer anderen Sprache sind zur phonologischen Rekonstruktion unerlässlich, wie auch das Beispiel der Ächtungstexte zeigt. Jedoch besteht immer das Risiko einer bereits erfolgten Veränderung der originären lautlichen Verhältnisse bei Übernahme in die Zielsprache. Daher reicht ein singuläres Beispiel an dieser Stelle nicht aus, um daraus indirekt die Korrelation *k* → /ḳ/ abzuleiten. Deswegen wird diese Korrelation als unplausibel und wenig wahrscheinlich abgelehnt.

### 4.1.14 *t*/*ṯ* → /d/, /t/, /ṭ/

Strittig dürfte auch sein, *t* und *ṯ* jeweils sowohl für semitisches /d/ als auch für /t/ und /ṭ/ anzusetzen. Für das frühe Nordwestsemitische kann man hier allgemein von folgenden phonetischen Realisierungen ausgehen: /d/ → [d], /t/ →

[t] und /ṭ/ → [t']. Nur für das Althebräische wird teils ein emphatischer velarisierter oder pharyngalisierter Laut angenommen (/ṭ/ → [ɫ]). Zur Einschätzung der Korrelation müssen wir den Blick noch auf die phonetische Realisierung von *t* und *ṯ* im Altägyptischen richten. Altägyptisches *t* wird zumeist für den stimmlosen alveolaren Plosiv [t] gehalten, *ṯ* für den Palatal [c]. Edel, Loprieno, Peust und Allen vermuten allerdings auch eine Aspirationskorrelation von *t* und *ṯ* gegenüber *d* und *ḏ*, so dass demnach auch *t* → [$t^h$] sowie *ṯ* → [$c^h$] gelten könnte. Traditionell wird *d* als [d] gedeutet. Aufgrund der Annahme einer Aspirationskorrelation halten Edel, Peust und Allen auch d → [t] ↔ *t* → [$t^h$] für möglich. *t* ist am Wortende als Femininendung bereits ab dem Alten Reich teils entfallen.[240] Die Lautwerte der Graphoneme versucht man über das Koptische sowie afroasiatische bzw. semitische Kognaten zu erschließen. *t* und *d* sind im Koptischen als dentale Plosive erhalten.[241] Als semitische bzw. afroasiatische Kognaten liegen nach Allen und Takács *t und *ṭ zu *t* vor; *d und *ṭ zu *d*.[242] Rössler deutet *d* → [t'] als emphatische Position mehrerer Triaden wegen des semitischen Kognaten /ṭ/ in entsprechenden Wortgleichungen.[243] Dieser Interpretation von *d* als [t'] schließen sich Loprieno und Kammerzell an. Dies sind auch diejenigen Rekonstruktionsmodelle, die im Gegenzug den stimmhaften alveolaren Plosiv [d] nur durch das Graphonem ʿ ausgedrückt sehen. Über die koptischen palatalen Reflexe von *ṯ* (wie auch *ḏ*) erschließt man auch deren ursprüngliche palatale Qualität.[244] Die afroasiatischen bzw. semitischen Kognaten zu *ṯ* stellen nach Allen und Takács regelmäßig den Kognaten *k dar.[245] Diesbezüglich ist es geradezu frappierend, dass im Altägyptischen selten schwankende Schreibungen zwischen ⟨k⟩ und ⟨ṯ⟩ vorliegen,[246] was als Hinweis darauf gewertet wird, dass *ṯ* sich durch Palatalisierung aus *k entwickelt hat.[247]

Während man also annehmen muss, dass *ṯ* sich erst relativ spät in der Sprachgeschichte als Phonem herausbildet, ist es auch kein konsistentes Phonem. Es wurde fast die gesamte Sprachgeschichte hindurch häufig depalatalisiert: *t* < *ṯ*.[248] Die Depalatalisierung trägt zufallsartigen Charakter. Es konnten

---

240 Vgl. Allen: *Egyptian language*, S. 51. Vgl. aber Edel: *Altägyptische Grammatik*, Bd. 1, S. 50.

241 Vgl. Peust: *Egyptian phonology*, S. 85 und Allen: *Egyptian language*, S. 20 und 22.

242 Vgl. ebd., S. 48 und Takács: *Etymological dictionary*, Bd. 1, S. 263.

243 S. Rössler: „Das Ägyptische als semitische Sprache“, S. 285–293.

244 Vgl. Allen: *Egyptian language*, S. 48 f. S. auch Peust: *Egyptian phonology*, S. 85.

245 Vgl. Allen: *Egyptian language*, S. 48 und Takács: *Etymological dictionary*, Bd. 1, S. 263.

246 S. Edel: *Altägyptische Grammatik*, Bd. 1, S. 49. S. hierzu auch Hainline: „Phonological variants“.

247 S. Allen: *Egyptian language*, S. 48.

248 Vgl. ebd. S. 49 und Peust: *Egyptian phonology*, S. 123 f.

bislang keine klaren stellungsbezogenen Regeln ermittelt werden, die die Depalatalisierung abhängig von der Position im Wort konkret erfassen.[249] Bereits in den Pyramidentexten sind sehr wenige Fälle belegt, in denen *ṯ* durch *t* ersetzt wurde. Ab dem Mittleren Reich hat die teilweise Depalatalisierung das Ägyptische flächendeckend erfasst, wie man an der Orthographie sieht: Häufig wird depalatalisiertes *ṯ* mit *t* geschrieben.[250] Ursprüngliches, nicht palatalisiertes *t* wird im Mittel- und Neuägyptischen zunächst in seltenen Fällen hyperkorrekt mit *ṯ* wiedergegeben, danach immer häufiger.[251] Die Datierung der Lautverschiebung ist wichtig für die Beurteilung von Steiners Korrelationen zu *ṯ*. Tatsächlich stammen die bei Edel genannten Hinweise auf eine Depalatalisierung (*tw* < *ṯw* ‚du'; *stj* < *sṯj* ‚Geruch') aus der Pyramide von Pepi II.[252] Die Belege *stj* und *tw* stellen hierbei veränderte Abschriften aus Pyr. 1729 und Pyr. 1723 dar,[253] die bei ihrer ersten Nennung noch palatalisierte Orthographie aufwiesen. Dies bedeutet, dass vor der Regierungszeit Pepis II. (um 2200 v. Chr., 6. Dynastie)[254] nicht unbedingt von einer Depalatalisierung ausgegangen werden kann. Auch ein weiteres frühes Indiz bei Edel datiert bereits auf die Zeit nach dem Ende der 6. Dynastie.[255] Dies lässt die Depalatalisierung für die Zeit des Unas (24. Jh. v. Chr.) unwahrscheinlich erscheinen. Allen bezieht sich allgemein auf eine Depalatalisierung von *ṯ* „in einigen Wörtern" (Übersetzung des Verfassers) zur Zeit des Alten Reiches,[256] jedoch nicht konkret auf die Referenzperiode der Pyramidentexte aus der Zeit des Unas. Edel ordnet die Depalatalisierung der 6. Dynastie zu.[257] Peust spricht von einer Depalatalisierung „ungefähr am Ende des Alten Reiches" (Übersetzung des Verfassers).[258] Folglich kann der (teilweise) Wandel [t$^h$]/[t] < [c$^h$]/[c] für *ṯ*, wie von Allen, Peust

249 Zu regelhaften Näherungswerten s. ebd., S. 124. S. aber hierzu auch Kilani: „Phonological change", wo ein Versuch für solche Regeln unter Annahme zweier zugrundeliegender prä-koptischer Dialekte vorgebracht wird.

250 Vgl. Peust: *Egyptian phonology*, S. 125.

251 Vgl. ebd. S. 125.

252 S. Edel: *Altägyptische Grammatik*, Bd. 1, S. 49.

253 Vgl. ebd., S. 49.

254 Zur Datierung der Regierungszeit Pepis II. vgl. Schneider: *Lexikon der Pharaonen*, S. 315 und Hornung/Krauss/Warburton: „Chronological table," S. 491. Schneider schätzt die Regierungsdaten auf 2245–2180 v. Chr., nach Hornung/Krauss/Warburton hingegen lag die Regierungszeit entweder im Zeitraum 2241–2178 v. Chr. oder 2216–2153 v. Chr.

255 Vgl. Edel: *Altägyptische Grammatik*, Bd. 1, S. 50.

256 Vgl. Allen: *Egyptian language*, S. 52 und 54.

257 Vgl. Edel: *Altägyptische Grammatik*, Bd. 1, S. 50.

258 Vgl. Peust: *Egyptian phonology*, S. 123.

und Edel für das Alte Reich angenommen, nicht zwingend auf die Pyramidentexte des Unas bezogen werden.

In den belegten ägyptisch-semitischen Korrespondenzen ab dem Mittleren Reich korrelieren die alveolaren Plosive des Nordwestsemitischen unregelmäßig: /d/ mit *r*, *t* und *d*; /t/ mit *t* (Mittleres Reich) sowie *t* und *d* (Neues Reich); /ṭ/ mit *d* (Mittleres Reich) sowie mit *t* und *d* (Neues Reich). Ägyptisches *ṯ* korreliert häufig mit (nordwest-)semitischem /s/, was als Hinweis auf die palatale Lautung von *ṯ* verstanden werden kann, wenn man semitisches /s/ affriziert interpretiert ([t͡s]).[259] Den indifferenten Befund bei der Korrespondenz der Dentale deutet Peust folgendermaßen: „[...] the inconsistency of the Egyptian transcriptions of Semitic stops suggests that the phonological systems of both languages were quite different from each other."[260] Die ägyptischen Lehnwörter im Hebräischen spiegeln ebenfalls eine gewisse Indifferenz wider: Ṭēṯ korreliert mit *d* und *ḏ*, Tāw mit *t*.[261] Aus derartigen Befunden schließt Hoch „that Egyptian *d* was perceived as an emphatic by Semitic speakers."[262] Dies würde interessanterweise die Annahme der neueren Komparatistik bestätigen (*d* → [t']). Auffällig ist nun an Steiners Korrelation, dass ägyptisches *t* mit semitischem /d/, /t/ und /ṭ/ korreliert, und dass für *ṯ* dasselbe gilt.

Zunächst richten wir den Blick auf die Korrespondenz *t* → /d/, /t/, /ṭ/. Aus der Perspektive der konsultierten phonologischen Modelle erscheint zunächst nur die Korrelation von ägyptischem *t* → [t]/[$t^h$] mit semitischem /t/ und /ṭ/ plausibel. Genauer betrachtet werden muss die Korrelation *t* → /d/. Steiner stellt dies erneut in den Kontext „extremer" VOT-Werte von altägyptischem *d* (sowie *ḏ*), „whether positive or negative".[263] Dadurch sei die phonetische Qualität von *d* ungenügend, um semitisches /d/ wiederzugeben, obwohl diesbezügliche ägyptisch-semitische Korrespondenzen für das Mittlere und Neue Reich belegt sind. Hier stellt sich allerdings erneut die Frage, wie wir uns einen „extremen" VOT-Wert von ägyptischem *d* vorzustellen haben. Ein „extrem" posi-

259 Vgl. Hoch: *Semitic words in Egyptian texts*, S. 408. Hoch favorisiert jedoch eine andere Theorie, s. ebd., S. 429.

260 Peust: *Egyptian phonology*, S. 81.

261 Dass Hodge eine Korrelation von Tāw mit *ṯ* listet, ist eine Fehlinterpretation des Lehnwortes *neṯer* < *ntrj* < *nṯry* ‚Natron'. Lambdin weist darauf hin, dass die Entlehnung stattfand, als bereits depalatalisiertes *ntrj* < *nṯry* vorlag. Trotzdem listet Hodge die Korrelation unter *ṯ* anstatt *t*. Dies spiegelt allerdings die konkreten synchronen phonetischen Bedingungen der Entlehnung nicht wider, eher die diachrone Phonemkorrespondenz. Zu *neṯer* s. Lambdin: „Egyptian loan words", S. 152 f., s. v *neter*.

262 Hoch: *Semitic words in Egyptian texts*, S. 427.

263 Vgl. Steiner: *Semitic serpent spells*, S. 59.

tiver Wert könnte nur eine Aspiration bedeuten ($t^h$). Ejektivierung als distinktives Merkmal von *d* scheidet aus, da mit nordwestsemitischem /ṭ/ → [t'] ein ähnlicher Laut vorgelegen hätte, der zu einer bevorzugten Korrelation mit ägyptischem *d* geführt hätte. Allerdings ist eine aspirierte Qualität von ägyptischem *d* in keiner der konsultierten Rekonstruktionen vorgeschlagen worden. Es würde auch die bisherigen Annahmen über die distinktiven Merkmale der ägyptischen Plosive „auf den Kopf stellen". Ohne ein passendes phonologisches Modell der altägyptischen Plosive zu präsentieren, welches dem sprachhistorischen Befund gerecht wird, ist diese These nicht haltbar. Immerhin scheint die Korrelation t → /d/ dadurch gedeckt zu sein, dass im Mittleren und Neuen Reich derartige Beispiele belegt sind (im Mittleren Reich nur, wenn man diesbezüglich Rössler folgt). Dem sprachhistorischen Befund widerspricht jedoch die Korrelation von semitischem /ṭ/ mit ägyptischem *t*, da im Mittleren Reich semitisches /ṭ/ ausschließlich mit *d* korreliert (wenn man diesbezüglich Rössler folgt) sowie im Neuen Reich meist mit *d*. Zwar ist ab der 6. Dynastie die beginnende Depalatalisierung von *ṯ* und *ḏ* feststellbar, der Zusammenfall der Lautwerte von t und d erfasst *d* jedoch erst ab dem Neuen Reich.[264] Wenn also im Mittleren Reich *t* und *d* noch nicht von den späteren Lautwandelprozessen ergriffen sind, würde man eigentlich erwarten, dass die diesbezüglichen Korrespondenzen für das Alte Reich noch denen des Mittleren Reiches entsprechen. Daher verbleibt zumindest die Korrelation *t* → /ṭ/ als zweifelhaft.

Fraglich sind auch alle Korrelationen mit ägyptischem *ṯ*, also *ṯ* → /d/, /t/, /ṭ/, da allgemein angenommen wird, dass *ṯ* zur Zeit der Pyramidentexte noch eine palatale Qualität aufwies. Insofern scheint die Korrelation widersprüchlich, da eigentlich die ansonsten von Steiner vorgegebene Korrelation *t* → /d/, /t/, /ṭ/ zu erwarten ist. Er bietet hierfür zwei alternative Erklärungsansätze. Zunächst argumentiert Steiner mit einer bereits früher eingetretenen Depalatalisierung von *ṯ*: „The use of <ṯ> in our spells may point to a somewhat earlier date [...]; if it is true that 'sizeable numbers of foreigners were present in Egypt during the Old Kingdom,' then it is permissible to consider the possibility that the merger of *ṯ* with *t* began among foreigners and then spread to native Egyptians."[265] Diese Annahme ist jedoch problematisch, da wir bereits gesehen haben, dass es keine Anzeichen einer Depalatalisierung vor dem 23. Jh. v. Chr. (Pyramide Pepis II.) vorliegen. Zweitens handelt es sich hierbei lediglich um eine Annahme, die nur dadurch belegt erscheint, dass in Steiners Transkription

264 Vgl. Peust: *Egyptian phonology*, S. 84 f.
265 Steiner: *Semitic serpent spells*, S. 62.

*ṯ* alveolare Plosive des Semitischen wiedergibt. Die Schlussfolgerung ist zirkulär. Sie beruht nur auf der eigenen Interpretation der Schlangensprüche, soll aber gleichzeitig diese Interpretation stützen. Folglich ist der Argumentationsfluss nicht stichhaltig genug. Steiner präsentiert allerdings noch eine weitere Lösung des Problems: „Another possibility is that the Semitic spells were reduced to writing by a scribe of Canaanite origin who was unable to give <ṯ> its proper palatalized realization and, as a result, used <ṯ> and <t> interchangeably."[266] Hier wird jedoch der Rahmen einer überprüfbaren Aussage verlassen, die letzten Endes weder verifizierbar noch falsifizierbar ist. In diesem Sinne muss die Korrespondenz *ṯ* → /d/, /t/, /ṭ/ zweifelhaft bleiben.

### 4.1.15 Bilanz des phonologischen Abrisses

Nach eingehender Prüfung aller von Steiner vorgeschlagenen Korrelationen aus phonologischer sowie sprachhistorischer Sicht können entsprechend den oben dargelegten Schlussfolgerungen Steiners phonematische Korrespondenzen folgendermaßen eingeordnet werden:

> Unzweifelhaft sicher: *j* → /ʾ/; *w* → /w/; *b* → /b/; *p* → /p/; *m* → /m/; *n* → /n/; *h* → /h/; *ḥ* → /ḥ/
>
> Möglich: *ꜣ* → /r/; *j* → /y/; *ꜥ* → /ʿ/; *z* → /s/; *s* → /ṭ/; *t* → /d/, /t/
>
> Zweifelhaft: *f* → /p/; *r* → /r/; *š* → /ṣ/, /ṯ/; *k* → /ḳ/; *t* → /ṭ/; *ṯ* → /d/, /t/, /ṭ/

Das Ergebnis ist ambivalent. Einerseits konnten die meisten phonematischen Zuordnungen bestätigt werden. Zu den als „möglich" deklarierten Zuordnungen können nur kleinere Einwände in Form alternativer Korrelationen vorgebracht werden. Problematisch sind die zweifelhaften Korrelationen. Gegen *f* → /p/ spricht zunächst der sprachhistorische Befund, der eine plosive Qualität oder einen affrizierten Charakter von *f* nicht sicher bestätigen kann. Zudem besteht ein Widerspruch in der inkonsistenten Transkription von semitischem /p/ mit ägyptischem *f* sowie *p*. Somit bestehen hier gleich zwei Zweifel, mit denen sich Steiner nicht auseinandersetzt.

Seine Korrelation *r* → /r/ neben *ꜣ* → /r/ innerhalb desselben Quellenkontextes widerspricht zunächst dem sprachhistorischen Befund, da bei den semitischen Phonemkorrespondenzen des Mittleren Reiches weder sichere Beispiele, in denen *ꜣ* und *r* für /r/ stehen, noch sichere Beispiele, in denen *r* überhaupt für /r/ steht, identifiziert werden können. Nur die Modelle Rösslers und Loprienos bezüglich *ꜣ* und *r* sind geeignet, um die Diachronie von *ꜣ* und *r*

266 Ebd., S. 62.

in den Phonemkorrespondenzen ab dem Mittleren Reich zu erklären, widersprechen jedoch ebenfalls Steiners Korrelation.

Eine Korrelation *š* → /ṣ́/ ist mit Verweis auf den Befund des Mittleren und Neuen Reiches unschlüssig, da dort nicht-emphatisches semitisches /ś/ regelmäßig mit ägyptischem *s* assoziiert wird, und nicht etwa mit *š*. Steiners etymologische Herleitung von ägyptisch *ʿš* ‚libanesische Tanne' von semitisch * *ʿiṣ́* ‚Baum, Holz' kann nicht als Beleg dienen, da diese Etymologie nicht evident genug ist.

*š* → /ṯ/ erscheint vor dem Hintergrund des kanaanäischen Phonemzusammenfalls *š* < *ṯ unplausibel. Kein historischer Nachweis liegt in der Wiedergabe von kanaanäischem *ṯ zur Zeit des Neuen Reiches mit ägyptischem *š* vor. *ṯ unterlag mit größter Wahrscheinlichkeit bereits dem Phonemzusammenfall, so dass in Wirklichkeit die Korrelation *š* → /š/ vorlag. Dementsprechend ist *š* → /ṯ/ weder aus phonologischer Sicht plausibel noch historisch belegt und muss stark angezweifelt werden.

Zu *k* → /ḳ/ bieten sich weder aus phonologischer noch aus sprachhistorischer Sicht Anhaltspunkte, die Steiners Korrelation stützen.

Dem sprachhistorischen Befund widerspricht auch die Korrelation von semitischem /ṭ/ mit *t*, da im Mittleren Reich semitisches /ṭ/ ausschließlich mit *d* korreliert, sowie im Neuen Reich meist mit *d*. Der dentale Bereich entspricht in den Lautwerten des Mittleren Reiches noch denen des Alten Reiches (abgesehen von der einsetzenden Depalatalisierung von *ṯ* und *ḏ*), so dass für das Alte Reich eine dem Mittleren Reich entsprechende Korrelation zu erwarten ist.

Auch zu *ṯ* → /d/, /t/, /ṭ/ kann Steiner keinen plausiblen bzw. stichhaltigen Erklärungsansatz bieten. Insbesondere muss seine These einer frühen Depalatalisierung (*t* < *ṯ*) zurückgewiesen werden, da der sprachhistorische Befund dieser Annahme widerspricht. Die Korrelationen zu ägyptischem *k* und *ṯ* untermauert er auch mit der These „extremer" VOT-Werte von *g, d* und *ḏ*, wodurch diese als phonetisch passende Korrelationen zu den semitischen Plosiven ausscheiden. Die These „extremer" VOT-Werte besagt lediglich, ob ein Laut „besonders" stimmhaft oder stark aspiriert realisiert wird. Steiner führt die Überlegungen hierzu nicht aus, also in welche Richtung die VOT-Werte „extrem" ausschlagen, welche phonetische Realisierung konkret vorliegt, und welche Konsequenzen dies für das phonologische System des Altägyptischen aufweist. Grundsätzlich führt diese Annahme dazu, dass die bisherigen Annahmen der distinktiven Merkmale der altägyptischen Plosive, also der Stimmbeteiligungskorrelation und der Aspirationskorrelation revidiert werden müssen. Steiner bietet jedoch kein systematisches Modell der altägyptischen Plosive, welche die Theorie mit dem sprachhistorischen Befund in einer schlüssigen

Synthese vereint. Da hier weder über die Graphoneme *d*, *ḏ* und *g* hinausgedacht, noch ein stimmiges Modell geboten wird, muss auch diese These als spekulativ zurückgewiesen werden. Überhaupt beschäftigt sich Steiner lediglich auf vier Seiten der Abhandlung mit der Frage der VOT-Werte der ägyptischen Plosive (abzüglich der Tabellen lediglich 1,5 Seiten); die Frage einer frühen Depalatalisierung nimmt nur eine Seite ein. Demgegenüber unternimmt Steiner 14 Seiten lange Ausführungen zur Frage, ob ägyptisches *ʿ* als [ʕ] oder [d] realisiert wurde,[267] ein Umstand, der im Hinblick auf die innerägyptologische Kontroverse nach derzeitigem Stand ohnehin als ungeklärt verbleiben muss. Während also dieses Thema ausführlich unter Einschluss der relevanten ägyptologischen Literatur behandelt wird, verbleiben die Ausführungen zu den zweifelhaften Korrelationen leider allzu marginal.

Entsprechend den zweifelhaften Korrelationen muss Steiners Interpretation folgender Lexeme als fraglich gelten: *rwn* = **riʾū-naʾ* ‚seht', *ʿbšw* = * *ʿubuṣū* ‚beeilt euch', *šw* = *ṯ(aw)ō* (Determinativ-Relativ-Pronomen), *kw* = *ḳaww* ‚Ausspruch', *kbb* = *ḳabōb* ‚Zauberspruch', *nt* = *niṭē* ‚wende dich ab', *pṯti͗* = *put/putōt* ‚Pudendum'/‚Pudenda', *ṯwb* = *ṭuwb/ṭiwb* ‚Parfum', *i͗(w)f* = *ʾapp* ‚Nase', *ṯmṯ* = *tamītu/timītu* ‚sie bringt den *Tod*', *i͗ṯ* = *yad/id* ‚Hand'.

## 4.2 Vokalnotation und altägyptische Orthographie

### 4.2.1 Gruppenschreibung des Alten und Mittleren Reiches

Gruppenschreibung (auch syllabische Schreibung oder Gruppenschrift) meint eine hieroglyphische „Notation von Silben unter weitgehender Festlegung auch der Vokale […] für die Schreibung vorderasiatischer Wörter"[268] im Mittleren und Neuen Reich, wobei sich das System des Neuen Reiches signifikant von der Gruppenschreibung des Mittleren Reiches unterscheidet.[269] Da Steiner argumentativ auf die Gruppenschreibung des Mittleren Reiches rekurriert,[270] soll die Gruppenschreibung kurz dargestellt werden. Belege der Gruppenschreibung lassen sich hauptsächlich (wenn auch nicht ausschließlich) in den unter phonologischen Gesichtspunkten bereits behandelten Ächtungstexten so-

267 S. ebd., S. 63–76.

268 Schenkel: „Syllabische Schreibung", Sp. 114.

269 Vgl. Hoch: *Semitic words in Egyptian texts*, S. 488.

270 S. Steiner: *Semitic serpent spells*, S. 62.

wie der Hayes-Liste mit ihren semitischen Orts- und Personennamen ausmachen.[271] Die Gruppenschrift notiert „in der Mehrzahl der Fälle Zeichen(-gruppen) für Silben des Typs Konsonant + Vokal (KV).“[272] Das System des Mittleren Reiches lässt sich kurz wie folgt darstellen:[273] K*w* = K[u], K*j* = K[i]; [a] ist unmarkiert und muss somit intellektuell erschlossen werden (K = teils K[a]); Grapheme und Graphonemkombinationen des Typs KK können einen nicht notierten Vokaleinschluss aufweisen (KVK). Zu einer Übersicht der belegten Gruppenschriftnotationen s. Helck und Hoch.[274] Die Gruppenschrift war forschungsgeschichtlich umstritten,[275] die Existenz eines solchen Umschriftsystems scheint aber inzwischen breite Akzeptanz zu erfahren. Die genaue Interpretation, wie die Vokalandeutungen zu verstehen sind, wird weiterhin kontrovers diskutiert.[276]

Die Relevanz für die Pyramidentexte besteht nun darin, dass ebenfalls von der Existenz dieses Notationssystems im Alten Reich ausgegangen werden kann. Die Belege betreffen hauptsächlich die Ächtungstexte des Alten Reiches (maßgeblich ediert durch Abu Bakr und Osing;[277] neuere Editionen finden sich zum Beispiel bei Quack[278] und Rzeuska[279]), die neben ägyptischen Namen auch zahlreiche nubische Eigennamen aufweisen.[280] Auch wenn die dort belegten nubischen Namen aufgrund fehlender Kenntnisse über die sprachlichen Verhältnisse des alten Nubien nicht interpretationsfähig sind, so geht Hoch aufgrund offensichtlicher orthographischer Ähnlichkeiten zu der Gruppenschreibung des Mittleren Reiches von einem identischen Transkriptionssystem aus und konstatiert „that the orthography is identical to that of the Middle Kingdom group writing system.“[281] Hoch liest die Grapheme der nubischen Namen exakt

271 S. hierzu Hoch: *Semitic words in Egyptian texts*, S. 490 f., insbesondere auch Fußnote 24.

272 Schenkel: „Syllabische Schreibung“, Sp. 115.

273 Vgl. Hoch: *Semitic words in Egyptian texts*, S. 500 f.

274 S. ebd., S. 503 f. und Helck: *Die Beziehungen Ägyptens zu Vorderasien* (1971), S. 84 f.

275 S. hierzu Schenkel: „Syllabische Schreibung“, Sp. 120 f.

276 Zu neuen Interpretationsvorschlägen s. Zeidler: „Late Egyptian ‘syllabic orthography’“ und Kilani: *Vocalisation in group writing*. Zu Letzterem s. aber Quack: „Rezension zu Marwan Kilani, Vocalisation in Group Writing“, wo die Ergebnisse angezweifelt werden.

277 S. Abu Bakr/Osing: „Ächtungstexte“ sowie Osing: „Ächtungstexte (II)“.

278 S. Quack: „Execration figurines“.

279 S. Rzeuska: „Execration again?“.

280 Vgl. Hoch: *Semitic words in Egyptian texts*, S. 488. Vgl. aber Allen: *Egyptian language*, S. 31.

281 Hoch: *Semitic words in Egyptian texts*, S. 488.

nach den Gruppenschreibungskonventionen des Mittleren Reiches,[282] allerdings können diese Ergebnisse aufgrund fehlender Gegenkontrolle nicht als gesichert gelten. Da jedoch die Ächtungstexte des Alten Reiches auf die 6. Dynastie[283] datieren,[284] befinden wir uns in relativer zeitlicher Nähe zu den Pyramidentexten der Unas-Pyramide (5. Dynastie). Somit liegt der Schluss nahe, für die Entstehungszeit der Pyramidentexte die Kenntnis eines Systems der Gruppenschreibung zur Vokalnotation zumindest theoretisch in Betracht zu ziehen. Edel glaubt, in den „unverständlichen Zauberworten" der Pyramidentexte (einschließlich der Schlangensprüche) Gruppenschreibungen zu erkennen.[285]

### 4.2.2 *Matres lectionis*

Die Orthographie betrifft jedoch auch die Hypothese einer Verwendung von *matres lectionis* in genuin ägyptischen Wörtern. Die ausführlichste Theorie zu *matres lectionis* präsentierte Werning 2016,[286] ihre Evidenz und wissenschaftliche Akzeptanz ist allerdings bislang noch nicht abzuschätzen. Demnach sind *j* und *w* primär Konsonantenzeichen, haben aus der halbkonsonantischen Qualität allerdings in Morphemendungen (am Wortende) Vokalandeutung als sekundäres Merkmal entwickelt.[287] Werning stellt diesbezüglich klar: „I want to be cautious not to easily equate ⟨*w*⟩ with /u/ or /u:/ and ⟨*ꞽ*⟩, ⟨*y*⟩, ⟨*ï*⟩ with /i/ or /i:/. Indeed, it seems that, for example, the 'glide' 𓇋 [*j*] might hint at the existence of various different vowels in the OK [Old Kingdom], or even at the existence of any vowel, no matter what quality or quantity."[288] Eine ähnliche These vertritt auch Allen. Demnach steht *j* an den Wortgrenzen für einen nicht näher bezeichneten Vokal (#[ʔ]V, V#) und *w* an der hinteren Wortgrenze für einen nicht näher bezeichneten Vokal (V#).[289]

---

282 S. ebd., S. 496.

283 Zur Datierung der 6. Dynastie s. Hornung/Krauss/Warburton: „Chronological table," S. 491, Schneider: *Lexikon der Pharaonen*, S. 315 f. und Shaw (Hrsg.): „Chronology", S. 482 f.

284 Vgl. Abu Bakr/Osing: „Ächtungstexte" S. 97.

285 S. Edel: *Altägyptische Grammatik*, Bd. 1, S. 21 f.

286 S. Werning: „Glides and *matres lectionis*".

287 Vgl. ebd., S. 31.

288 Ebd., S. 31.

289 Vgl. Allen: *Egyptian language*, S. 53.

### 4.2.3 Vokalnotation in den semitisch gedeuteten Schlangensprüchen

Nachdem verschiedene Möglichkeiten vorgestellt wurden, wie Vokale theoretisch in den betreffenden Schlangensprüchen notiert sein könnten, soll die Vokalnotation in Steiners semitischer Interpretation der Schlangensprüche aus dieser Perspektive untersucht werden. Neben der Gruppenschreibung und den hypothetischen *matres lectionis* muss grundsätzlich auch die Möglichkeit bedacht werden, dass keines der beiden Modelle zutrifft.

Steiner weist auf Vokalnotation im Stile der Gruppenschreibung des Mittleren Reiches bei der Schreibung ⟨j⟩ am Wortanfang für /ʾa/ und /ʾi/ hin.[290] Wenn wir nun die restliche Vokalwiedergabe mit der Gruppenschreibung des Mittleren Reiches vergleichen,[291] so fällt auf, dass bei Steiner ⟨tj⟩ für /dī/ und /ṭē/ steht, obwohl die Gruppenschreibung  ⟨tj⟩ für die Belege des Mittleren Reiches als /ta/ bzw. /ti/ gedeutet wird. Die Divergenz in Bezug auf /ṭē/ ist Steiners Methode geschuldet, die Vokale anhand weitaus später belegter Formen zu rekonstruieren (zum Beispiel im Imperativ *ỉtỉ* = *ʾitē* ‚komm'). Die Endungen  ⟨šw⟩ für /šū/ und  ⟨nw⟩ für *nō* erinnern stark an ähnliche belegte Schreibungen wie  ⟨šw⟩ und  ⟨nw⟩ des Mittleren Reiches. Auffällig ist noch die Schreibung  ⟨rw⟩ in *riʾū-naʾ* ‚seht', wobei der Imperativ direkt dem Althebräischen entnommen ist.[292] ⟨rw⟩ steht hier für /rū/, ohne allerdings den Glottisverschlusslaut wiederzugegeben, der auch am Wortende entfällt. Steiner begründet dies mit zwei möglichen Thesen:[293] Erstens könnte die fehlende Realisierung *j* → [ʔ] auf eine stellungsbezogene Allophonie des Ägyptischen zurückzuführen sein, wonach *j* in diesen Kontexten die Realisierung als *glottal stop* nicht aufweist. Zweitens kann im kanaanäischen Imperativ der Glottisverschlusslaut am Wortende (wie im masoretischen Hebräisch) und im Wortinneren (wie unter bestimmten Bedingungen im Hocharabischen und Aramäischen) von Elision betroffen sein. Die Annahmen sind problematisch. Zunächst bezieht sich Steiner zur ägyptischen Allophonie von *j* nur auf Loprieno,[294] allerdings stellt Loprienos Modell zur Realisierung von altägyptischem *j* nur eines von mehreren Modellen dar, so dass dessen Evidenz nicht unbedingt vorausgesetzt werden kann. Der Bezug zur Glottisverschlusslautelision im Hebräischen, Arabischen oder Aramäischen stellt eine unreflektierte Rückprojizierung zwei- bis dreitausend Jahre später belegter sprachlicher Phänomene

290 Vgl. Steiner: *Semitic serpent spells*, S. 62 f.

291 S. Helck: *Die Beziehungen Ägyptens zu Vorderasien* (1971), S. 84 f. und Hoch: *Semitic words in Egyptian texts*, S. 503 f.

292 S. Steiner: *Semitic serpent spells*, S. 42.

293 S. ebd., S. 42.

294 S. Loprieno: *Ancient Egyptian*, S. 33.

dar, was keine sichere Rekonstruktionsgrundlage bietet. Sicher ist, dass man die vokalischen Endungen *j* und *w* auch nicht nach der *Matres-lectionis*-Theorie Wernings deuten kann. Dies wäre zwar unter der Voraussetzung denkbar, dass sich zur Zeit der Verschriftlichung der Pyramidentexte noch kein anderer Standard zur Wiedergabe semitischer (End-)vokale herausgebildet hätte (zum Beispiel durch Gruppenschreibung). Nach Steiner steht auslautendes *j* für /ī/ und /ē/, auslautendes *w* für /ū/ und /ō/. Allerdings widerspricht eine gleichmäßige Wiedergabe von /ē/ und /ī/ durch den Halbvokal *j* und /ō/ und /ū/ durch *w* Wernings Ansicht, wonach *j* und *w* als *matres lectionis* ein breiteres Vokalspektrum wiedergeben (zum Beispiel *j* → /ī:/, /a/, /u/).[295]

Insgesamt sticht bei Steiners Transkription ins Semitische besonders hervor, dass viele Vokale nicht notiert sind, sowohl Kurzvokale als auch Langvokale. Dies bedeutet, dass die Vokalwiedergabe in jedem Falle als unregelmäßig anzusehen ist, ohne dass dies allein für oder gegen diese Interpretation spricht. Auch die belegten Gruppenschreibungen des Mittleren Reiches geben nur einen Teil der semitischen Vokale wieder. Auffällig ist jedoch auch Folgendes: Obwohl die orthographischen Konventionen der Vokalwiedergabe in Steiners Transkription stark an die spätere Gruppenschreibung erinnern, werden nur Langvokale auf diese Weise wiedergegeben (abgesehen von ⟨j⟩ als /ʾa/ und /ʾi/, wo jedoch der Vokal selbst über die Angabe als *glottal stop* nur angedeutet, nicht geschrieben wird), und zwar fast ausschließlich an der hinteren Wortgrenze. Dies ist tatsächlich in den Ächtungstexten des Mittleren Reiches nicht der Fall. Wenn man sich die Deutung der dortigen Eigennamen genauer ansieht,[296] so fällt auf, dass die Konventionen hier keinen klaren Regeln folgen: Es werden sowohl Kurz- als auch Langvokale unabhängig von der Position im Wort notiert, genauso wie Kurz- und Langvokale in der Notation auch entfallen können. Selbst wenn man die Gruppenschriftkonventionen hier außer Acht lässt, so stellt sich doch ein großes Plausibilitätsproblem: Woher hätten ein oder mehrere Schreiber der (im Grunde) vokallosen ägyptischen Schrift im dritten vorchristlichen Jahrtausend wissen sollen, dass hier nur die semitischen Langvokale, nicht jedoch die Kurzvokale notiert werden sollen? Auch im Mittleren oder Neuen Reich zeichnet sich eine derartige Konvention bei der Wiedergabe semitischer Wörter nicht ab, was darauf schließen lässt, dass die Vokalquantität für native ägyptische Sprecher bei der Vokalnotation in Fremdwörtern irrelevant ist. An dieser Stelle wirkt Steiners Deutung sehr stark von den sehr viel späteren semitischen Alphabetschriften mit ihren *matres lectionis*

295 S. Werning: „Glides and *matres lectionis*“, S. 36.
296 S. Hoch: *Semitic words in Egyptian texts*, S. 492–495.

für Langvokale beeinflusst und erscheint diesbezüglich weder plausibel noch schlüssig.

## 4.3 Ägyptologische Perspektive

### 4.3.1 Alternative Übersetzungsvorschläge

Die ägyptologische Forschung untersucht bereits seit Langem die Pyramidentexte im Allgemeinen und die „unübersetzbaren" Schlangenspruchpassagen im Besonderen. Während die ältere Forschung hierzu lange Zeit keine stimmigen Übersetzungsvorschläge machen konnte, wurden in den letzten Jahrzehnten Fortschritte in einer ägyptischen Deutung der betreffenden Textstellen erzielt. Allerdings hat zu den untersuchten Schlangensprüchen nur Allen eine vollständige Übersetzung bieten können, die zumindest in Teilen überzeugt.[297] Nachfolgend wird Steiners Übersetzung der semitisch gedeuteten Schlangensprüche mit der Übersetzung von Allen (2017)[298] verglichen. Daneben wird Allens Transkription von 2017 wiedergegeben,[299] die Interlinearglossierung wurde aus der Übersetzung und Transkription erschlossen. Die Transkription von 2017 hat gegenüber der ersten Transkription von 2013[300] noch wesentliche Veränderungen erfahren und entspricht Allens neuester Übersetzung in den hier wiedergegebenen Textpassagen:

297 S. auch Kosacks Übersetzung dieser Pyramidensprüche, die jedoch wenig schlüssig wirkt: Kosack: *Die altägyptischen Pyramidentexte*. S. auch die Übersetzung von Baqué Manzano, wo Allens Übersetzung aus Allen: *Ancient Egyptian Pyramid Texts* (2005) übernommen wird: Baqué Manzano: *Fills de Djaamu*, S. 52–80.

298 S. Allen: *Grammar of the ancient Egyptian Pyramid Texts*, S. 280 f. und 344 f., wo gegenüber den früheren Übersetzungen von 2005 und 2015 Korrekturen zu verzeichnen sind. Zu den früheren Übersetzungen s. Allen: *Ancient Egyptian Pyramid Texts* (2005) sowie Allen: *Ancient Egyptian Pyramid Texts* (2015).

299 S. Allen: *Grammar of the ancient Egyptian Pyramid Texts*, S. 280 f. und 344 f.

300 S. Allen: *New concordance*, Bd. 1.

**PT 235**

§239a „"[301]

Steiner: „*k w ꜣ ꜣ ꜣ ỉ m ỉm ḥ w ỉ m ỉm ḥ w*" = „*ḳawwu rīr-rīr, ʾimmu-ḥiwwi ʾimmu-ḥiwwi:*"

„Utterance of *Rīr-Rīr*, Mother-Snake-Mother-Snake:"

Allen: „*kw*[302] *ꜣw* *jm* *ḥw*"
2SG.M long(M)[SG] flank(M)[SG] beat\PTCP.PASS[M.SG]

„*jm* *ḥw*"
flank(M)[SG] beat\PTCP.PASS[M.SG]

„You long one, beaten flank, beaten flank!"

§239b „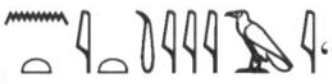"

Steiner: „*n t ỉ t tỉ ỉ ỉ ỉ ꜣ ỉ*" = „*niṭē, yā-dōdī, yā-ʾaryu!*"

„Turn aside, O my beloved, O lion!"

Allen: „*n*[-]*t* *jtj*[-]*j* *jꜣ*[-]*j*"
of-F father(M)[SG]-1SG praise\IPFV-1SG

„[…] of my father, whom I praise"

**PT 236**

§240 „"

Steiner: „*k b b h ỉ tỉ ỉ tỉ ỉ b ỉ tỉ ỉ*" = „*ḳabōbuhu: ʾitē, ʾitē baytī.*"

„His spell: 'Come, come to my house.'"

301 Der hieroglyphische Urtext ist nach der Standardedition von Sethe wiedergegeben, s. Sethe: *Die altägyptischen Pyramidentexte*.

302 Zum Gebrauch von *kw* als Vokativ s. Allen: *Grammar of the ancient Egyptian Pyramid Texts*, S. 43.

Allen: „*kbb*[-*j*] *hj* *tjtj*“
Earth-ADJZ[M.SG] monster(M)[SG] trample\IPFV

„*bjtj*“
king(M)[SG]

„Earthen One, monster whom the hereditary king tramples“

**PT 281**

§422a „“

Steiner: „*ỉ z z h k w k b b h ꜣ ꜣ ꜣ b ỉ*“ = „*ʾasōsuhu ḳawwu ḳabōbihu: Rīr-Rīr biya.*“

„His whispering, the uttering of his spell: ‘*Rīr-Rīr* are in me.’“

Allen: „*j* [*j*]*zz*[=] *h*“
EXLM catch\PTCP.PASS[M.SG]:STC= Courtyard(M)[SG]

„*kw* *kbb*[-*j*=] *h*“
2SG.M Earth-ADJZ[M.SG]:STC= Courtyard(M)[SG]

„*ꜣw*[=] *bj*“
long(M)[SG]:STC= foot(M)[SG]

“O, caught one of the courtyard, you! Hey, earthen one of the courtyard, long of foot“

§422b „“

Steiner: „*rw n p h tỉ ỉ rw n p ṯ tỉ ỉ p h tỉ ỉ p ṯ tỉ ỉ*“ = „*riʾū-naʾ pahōtī, riʾū-naʾ putī/putōtī—pahōtī, putī/putōtī*“

„See my mouths, see my pudendum/pudenda—my mouths, my pudendum/pudenda“

Allen: „*rw* *n* *phtj*“
lion(M)[SG] of[M.SG] ?

„*rw* *n* *pṯtj phtj p⟨ṯ⟩tj*“
lion(M)[SG] of[M.SG] ? ? ?

„lion of *phtj*, lion of *pṯtj*! *Phtj*, *pṯtj*,“

§422c „"

Steiner: *„m mỉ n ỉ(w)nw ꜣꜣꜣ ṯ w b s ỉ(w)f w ỉ(w)nw hnw“ = „miyani ʾanō/ū? Rīr-Rīr, ṭu/iwbu ṭūʾu ʾappi—waʾanō/ū hinnō.“*

„Who am/are I/we? *Rīr-Rīr*, fragrant perfume of the nose, am/are I/we (lit., I/we am/are they).“

Allen:

| | | | | |
|---|---|---|---|---|
| *„mj* | *n*[-](*j*) | *jwn* | *ꜣw* | [=]*ṯ*(*w*)“ |
| give\IMP | n-1SG | now | extend\IMP | =2SG.M |

| | | | | |
|---|---|---|---|---|
| *„wbs* | *jf* | *w* | *jwn* | *hnw*“ |
| pile_up\PFV.PASS | meat(M)[SG] | EXLM | now | pot(M)[SG] |

„give me now, extend yourself! Meat has been piled up: hey now, the pot!“

**PT 286**

§427a „“

Steiner: *„ʿ b š w m ꜣꜣꜣ š w ṯ m ṯ ỉ ṯ h nw w“ = „ʿubuṣū mi(n>r)-Rīr-Rīr, ṯ(aw)ō ta/imītu yaduhinnō/iduhinnō“*

„Hurry (pl.!) away from Rīr-Rīr, [sic] (the ones) whose hand deals death.“

Allen:

| | | |
|---|---|---|
| *„ʿbš*[-]*w* | *m*[=] | *ꜣw*[-*w*=]“ |
| submerge\PTCP.PASS-M.PL | as= | long(M)-PL:STC= |

| | | | |
|---|---|---|---|
| *„š*[-]*w* | *ṯmṯ*[303] | *jṯ* | *hnw*“ |
| depression(M)-PL | 2SG.F | take\IMP | jar(M)[SG] |

„The submerged ones are the long ones of the depressions. You! Acquire the pot!“

Allens Übersetzung ist nicht an allen Stellen so schlüssig, wie sie augenscheinlich wirkt. Es konnte offenbar für manche Stellen keine Deutung ausfindig gemacht werden (zum Beispiel „lion of *phtj*, lion of *pṯtj*! *Phtj*, *pṯtj*,“). Falls die Passagen wirklich rein ägyptischsprachig sind, so sticht doch heraus, dass derart viele Lexeme in „ungewöhnlicher“ Schreibung vorliegen, also dass ungewöhnliche Schreibvarianten oder kaum Determinative benutzt werden. Beachtung verdient noch Allens Deutung von ⟨ꜣꜣꜣ⟩ – Steiners „*Rīr-Rīr*“. Allen sieht

303 S. hierzu ebd., S. 41.

hier eine pseudopluralische Schreibung vorliegen, die graphonemisch identisch zum Singularwort *ꜣw* ‚der Lange' ist ((⟨*ꜣꜣꜣ*⟩ → [*ꜣ-w* = *ꜣ*-PL →] *ꜣw*), ein in der Tat nicht seltenes orthographisches Phänomen. Die Deutung von ⟨*ꜣꜣꜣ*⟩ ist tatsächlich ein besonderes Problem. Auffällig ist, dass in der Schreibung der Phrase die Wiedergabe mit ⟨*ꜣ*⟩  und ⟨*tj*⟩  (vermutlich aufgrund Zeichenverwechslungen) variiert, sowohl innerhalb der Unas-Pyramide als auch in den Abschriften späterer Pyramiden.[304] Daraus schließt Ritner, dass die Ägypter die Passagen selbst nicht verstanden hätten, da sie fremdsprachig seien.[305] Auf dieser Grundlage beruht Steiners Deutung als „*Rīr-Rīr*". Demgegenüber kann Allen hier ebenfalls eine überzeugende Interpretation bieten: Auch wenn die Schreibvariation auf Verständnisproblemen der gesamten Passagen beruht, so widerspricht dies nicht grundsätzlich einer ägyptischen Deutung zumindest von ⟨*ꜣꜣꜣ*⟩.

Der Gesamtproblematik der behandelten Passagen begegnet man in der Ägyptologie auch mit anderen kreativen Lösungsvorschlägen, die nicht minder plausibel sind als Steiners Deutung. Neben Allens Übersetzung unter Voraussetzung einer Reihe ungewöhnlicher Schreibungen ist hier besonders noch Mathieus Vorschlag einer retrograden Lesung von Teilen des Spruchs §240 zu erwähnen,[306] der von Ritner (und somit von Steiner) wegen einer orthographischen sowie einer lexikalischen Auffälligkeit abgelehnt wird:[307]

**PT 236**

§240 „"[308]

| | | |
|---|---|---|
| „*sš-* | *Tj-* | *bjtj-* |
| [scribe(M)[SG] | Thoth(M)[SG] | king(M)[SG]] |

| | | |
|---|---|---|
| *jtj-* | *Hb-* | *Bjk* |
| [sovereign(M)[SG] | Ibis(M)[SG] | falcon(M)[SG]] |

[…] Der Schreiber, Thot, der König, der Souverän, der Ibis, der Falke" (Übersetzung des Verfassers).[309]

304 Vgl. Ritner, zitiert bei Steiner: *Semitic serpent spells*, S. 83.
305 Vgl. Ritner, zitiert bei ebd., S. 83 f.
306 S. Mathieu: „Les formules conjuratoires", S. 191.
307 Vgl. Ritner, zitiert bei Steiner: *Semitic serpent spells*, S. 7, Fußnote 35.
308 Sethe: *Die altägyptischen Pyramidentexte*.
309 Mathieu: „Les formules conjuratoires", S. 191.

Mathieu sieht hier tatsächlich nicht eine retrograde Lesung vorliegen, sondern hält ein Palindrom für möglich: Obwohl nur die retrograde Lesung Sinnhaftigkeit bietet, könnte es im magischen Kontext auch prograd gelesen worden sein.[310] Dies würde auch die ungewöhnlichen Kurzschreibvarianten und die Absenz von Determinativen erklären, da der besondere Kontext diese womöglich nicht erfordert.

### 4.3.2 Kontroverse um Steiners These innerhalb der Ägyptologie

Da wir nun die fraglichen Schlangenspruchpassagen aus der Perspektive der Phonologie, Orthographie und alternativer Übersetzungen behandelt haben, lassen sich die ägyptologischen Standpunkte gegenüber Steiners Werk besser erfassen. Während semitistische und althebraistische Rezensionen dessen Ergebnisse relativ unkritisch bzw. positiv aufnehmen,[311] äußert man sich in ägyptologischen Rezensionen und Buchpublikationen überwiegend zurückhaltend bis stark kritisch.

Schneider[312] bezieht sich in der Kritik auf den ursprünglichen Aufsatz Steiners[313] vor der Buchpublikation, das heißt, ihm sind wesentliche Argumentationsstränge nicht bekannt. Neben Steiners vorausgesetzten phonologischen Annahmen zum Altägyptischen bemängelt Schneider auch das grundsätzliche Problem der Rekonstruktion anhand viel später belegter semitischer Lexeme: „not all the lexemes pretended to appear in the spells can be assumed to have existed around 2500 BC within a single dialect."

310 Vgl. ebd., S. 191.

311 S. Millard: „Rezension zu Richard C. Steiner, Early Northwest Semitic serpent spells in the Pyramid Texts"; Morgenstern: „Rezension zu Richard C. Steiner, Early Northwest Semitic serpent spells in the Pyramid Texts"; Wyatt: „Rezension zu Richard C. Steiner, Early Northwest Semitic serpent spells in the Pyramid Texts". Nur Wyatt merkt über die Methodik der Sprachrekonstruktion an: Steiner „carefully reconstructs the phonological and etymological links backwards from later documented eras [...]. This reconstructive process is of course problematical, since Ugaritic and Hebrew parallels, as examples among the whole range of Semitic languages known from antiquity, are first attested respectively at least 1000 and 1300 years later," zweifelt jedoch nicht an den Ergebnissen selbst, die Wyatt "to some extent [...] self-confirming" findet, s. ebd. S. hierzu auch Becking: „Phoenician snakes and a prophetic parallelism". Becking übernimmt Steiners Deutung und bettet diese in einen breiteren biblischen bzw. nahöstlichen kulturellen Kontext ein. Er interpretiert abweichend zu Steiner *im ḥw* als „mother of life".

312 S. Schneider: *Refutation*.

313 S. Steiner: „Proto-Canaanite spells".

Noch stärker auf die methodischen Mängel geht Breyer ein:[314] ägyptologische „Alternativdeutungen“ würden nicht genügend berücksichtigt und überhaupt seien „die Lesungen der Zeichen [...] oft sehr unsicher, was jedoch verschleiert wird.“ Steiner gehe zwar auf Mathieus retrograde Lesung von §240 ein, setze sich jedoch kaum mit ägyptologischen Alternativübersetzungen auseinander. Breyer stellt auch die Inkonsistenzen der vokalischen Deutung heraus, da die semitischen Langvokale teils als *matres lectionis* aus den Hieroglyphen abgeleitet, teils jedoch ohne hieroglyphische Schreibung rekonstruiert sind. Methodisch kritisiert Breyer insbesondere auch die „Zirkelschlüsse“ im „Fußnotenkreisverkehr“ durch reziproken Verweis zwischen unterschiedlichen Behauptungen, so dass sich diese offenbar gegenseitig belegen. Dies ist tatsächlich ein auffälliges Problem, welches bezüglich Steiners VOT-These bereits erwähnt wurde. Auch ein weiterer Punkt wurde schon angesprochen: „Die angeführten sprachlichen Parallelen datieren oft sehr spät oder sind irrelevant. Beispielsweise gibt Steiner oft das Standardwerk von James Hoch als Referenz für die ägyptisch-semitischen Konsonantengleichungen an – als ob diese noch dieselben sein müssten wie zur Zeit des Alten Reiches!“ Wie ebenfalls bereits angesprochen wurde, bedient Steiner sich keines konsistenten phonologischen Modells des Altägyptischen – die Kritik hierzu fällt durch Breyer vernichtend aus: „Wenn Stener [sic] nun ganz in dieser Manier meint, die gesamte Phonologie des Altägyptischen aufgrund seiner Thesen umschreiben zu können, so ist das mehr als dreist.“ Sicherlich verdient auch Breyers Hinweis einiges an Beachtung, dass die „Textgrundlage“ womöglich nicht für eine sprachliche Rekonstruktion ausreichend sei, so dass sich aufgrund zufälliger Ähnlichkeiten leicht Sprachmaterial einer beliebigen Sprache in die wenigen unklaren Schlangenspruchpassagen hineininterpretieren lasse. Er lehnt eine „semitische“ Deutung der betreffenden Schlangensprüche nicht grundsätzlich ab, findet jedoch Steiners Ergebnisse „zu wenig fundiert, um überzeugend zu sein.“

Hays bemängelt an Steiners Interpretation die fehlende „kohäsive“ Tradierung der fraglichen Schlangensprüche, da die Passagen nur bei Unas vollständig überliefert sind, in späteren Pyramiden hingegen nur einzelne Sprüche in wechselnder Zusammenstellung und Reihenfolge.[315] Demzufolge sei kein „kohärenter“ Handlungsstrang möglich,[316] was Steiners Deutung schon im Grundsatz widerspricht. Außerdem seien ähnliche Satzfragmente wie in §240a und

314 S. Breyer: „Zu den angeblich semitischen Schlangensprüchen“.

315 Vgl. Hays: *Organization of the Pyramid Texts*, Bd. 2, S. 276 f.

316 Vgl. ebd., S. 277.

§422a auch in PT 285 zu finden.[317] Hays kritisiert, dass dies von Steiner überhaupt nicht thematisiert und PT 285 kurzerhand in dessen Untersuchung ausgelassen wird.[318] Hays wendet sich auch gegen Steiners Lesung von ⟨*ꜣꜣꜣ*⟩ als „*Rīr-Rīr*“ und favorisiert die Lesung *ꜣw* ‚der Lange‘.[319] Abgelehnt werden Steiners Ergebnisse auch von Quack[320] und Theis,[321] die ihre Kritik jedoch nicht im Detail schildern. Unkritisch wurden Steiners Vorschläge bislang von Morales[322] und Bojowald[323] aufgenommen.

317 Vgl. ebd., S. 278.
318 Vgl. ebd., S. 278.
319 Vgl. ebd., S. 278.
320 S. Quack: „Zauber ohne Grenzen“, S. 183, Fußnote 26.
321 S. Theis: *Magie und Raum*, S. 463, Fußnote 145.
322 S. Morales: „From voice to papyrus to wall“, S. 102 f.
323 S. Bojowald: „Rezension zu Richard C. Steiner, Early Northwest Semitic serpent spells“.

# 5. Schlussbetrachtung

Wir haben uns in dieser Studie mit Steiners These beschäftigt, wonach einige Passagen der Schlangensprüche in der Unas-Pyramide hieroglyphische Transkriptionen eines frühen nordwestsemitischen Dialekts darstellen. Um die Leserschaft mit der Quelle vertraut zu machen, wurden die Pyramidentexte und insbesondere die Schlangensprüche eingehend anhand verschiedener Aspekte besprochen. Bezüglich der Datierungsfrage schien Allen am überzeugendsten, der eine Entstehung etwa für den Zeitraum 2500–2400 v. Chr. ansetzt, was somit auch der Entwicklungsstand des angenommenen nordwestsemitischen Dialekts wäre.

Des Weiteren wurde Steiners Transkription und Übersetzung der betreffenden Pyramidenspruchpassagen vorgestellt, welche die inhaltliche Plausibilität aufgrund der Verworrenheit und Inkonsistenz der Handlung fraglich erscheinen lässt. Zweifelhaft ist auch die Evidenz der Rekonstruktionsmethodik, wonach Wurzeln, Lexeme und Morpheme aus dem Kanaanäischen oder anderen semitischen Zweigen kumulativ in einen frühkanaanäischen Dialekt des 3. Jahrtausends v. Chr. projiziert werden. Dies verleiht der Rekonstruktion den Eindruck einer bedingten Beliebigkeit, wobei die Auswahl der konkret vorgeschlagenen Lexeme bzw. Morpheme stark vom „gewünschten“ Deutungskontext abhängt.

Um die Stichhaltigkeit der Rekonstruktion Steiners aus phonologischer Perspektive genauer ergründen zu können, wurde eine hinreichende phonologische Vergleichsbasis ermittelt. Hierzu wurden die maßgeblichen altägyptischen phonologischen Modelle, Rekonstruktionen früher nordwestsemitischer phonologischer Inventare sowie Auswertungen ägyptisch-semitischer Phonemkorrespondenzen in Eigennamen, Fremd- und Lehnwörtern des Mittleren und Neuen Reiches sowie den ägyptischen Lehnwörtern im Althebräischen vorgestellt. Diese wurden anschließend mit den vorausgesetzten Phonemkorrespondenzen aus Steiners Transkription ins Semitische verglichen. Hierbei konnten die meisten Phonemkorrelationen zwar bestätigt werden, einzelne Phonemkorrespondenzen hingegen nicht. Diese unsicheren Korrelationen lassen sich weder phonologisch noch sprachhistorisch ausreichend stützen und erscheinen demnach wenig wahrscheinlich. Steiner unterlässt es jeweils, auf diese Divergenzen einzugehen, abgesehen von der These „extremer“ VOT-

Werte der altägyptischen Plosive *d*, *ḏ* und *g*, die die ungewöhnlichen Korrelationen mit ägyptischem *t*, *ṯ* und *k* erklären sollen. Diese Theorie geht allerdings über grundsätzliche Annahmen nicht hinaus und wirkt deshalb wenig überzeugend.

Der Vergleich der Vokalnotation in Steiners Interpretation mit der Vokalnotation der Gruppenschreibung des Mittleren Reiches (die bis ins Alte Reich zurückreicht) ließ erkennen, dass in dessen Interpretation ungewöhnlicherweise nur Langvokale notiert sind, während die Gruppenschreibung keinen Unterschied zwischen Kurz- und Langvokalen vorsieht. Dies erinnert allzu stark an *Matres-lectionis*-Schreibungen späterer semitischer Alphabetschriften und macht einen wenig authentischen Eindruck. Ein Vergleich mit das Ägyptische betreffenden *Matres-lectionis*-Theorien war nicht aufschlussreich, da sich die auslautenden (Lang-)Vokale hieraus nicht erklären lassen.

Die ägyptologische Perspektive wurde in die Untersuchung durch Vorstellung alternativer Übersetzungen und der ägyptologischen Auseinandersetzung mit Steiners Thesen einbezogen. Hauptsächlich wurde Allens Übersetzung der fraglichen Passagen vorgestellt, die jedoch nicht vollständig zufriedenstellend ist und nur in Teilen überzeugt. Mathieus „palindromartige" Lesung von §240 ist ein respektabler Vorschlag, der nach Meinung des Verfassers von Steiner bzw. Ritner zu leicht „wegdiskutiert" wird. In ägyptologischen Rezensionen bzw. Abhandlungen wird Steiners Ergebnissen überwiegend Skepsis bzw. Ablehnung entgegengebracht. Insbesondere Breyer hat einige methodische Mängel in Steiners Untersuchung herausgestellt. Als *conclusio* aller berücksichtigten Perspektiven muss man feststellen, dass Steiners Interpretation tatsächlich sowohl inhaltlich, phonologisch und sprachhistorisch zweifelhafte Schlussfolgerungen als auch methodische Mängel enthält, so dass den Ergebnissen nicht in Gänze Gültigkeit zuerkannt werden kann. Man kann dennoch aus phonologischer Perspektive den phonologisch verifizierbaren Teilen der Transkription ins Semitische zustimmen, unter der Voraussetzung, dass die zweifelhaften Teile andere semitische Deutungen aufweisen müssen (die womöglich im Einzelnen gar nicht mehr rekonstruierbar sind, da zum Beispiel bestimmte Wurzeln oder Lexeme außer Gebrauch geraten sind). Man kann hier durchaus einen parallelen Vergleich mit den Interpretationsversuchen der punischen Passagen in Plautus' eingangs erwähntem *Poenulus* ziehen: Zwar ist das Phönizische nur in Form einer Trümmersprache bekannt, jedoch liegt uns mit dem Althebräischen ein sehr eng verwandter, sehr gut erforschter Dialekt vor. Trotzdem sind die Passagen im *Poenulus* nur in Teilen rekonstruierbar. Neben der Schwierigkeit, hier Teile einer Trümmersprache zu interpretieren, müssen auch weitere Hindernisse in Betracht gezogen werden, wie eine inkonsistente bzw. unpräzise Transkription der Ausgangssprache sowie verlorenes Vokabular. Auf

Steiners These bezogen bedeutet dies, dass auch bei Vorliegen eines semitischen Inhalts dieser vermutlich überhaupt nicht vollständig rekonstruierbar wäre. Möglich wäre in Anlehnung an Breyers Standpunkt auch, dass in Wirklichkeit eine ganz andere Sprache vorliegt und sich nur aufgrund zufälliger Ähnlichkeiten ein semitischer Text rekonstruieren lässt. Die mehrdeutige ägyptische Schrift bzw. hieroglyphische Orthographie lassen hier auch womöglich zu viele Assoziationen zu. Die Annahme einer in Teilen oder auch im Ganzen fehlerhaften Deutung Steiners würde auch die inhaltliche Inkonsistenz und Verworrenheit des Narrativs erklären. Nach gegenwärtigem Forschungsstand kann Steiners Interpretation allerdings weder im Ganzen belegt noch im Ganzen widerlegt werden.

Zu diesem Thema bedarf es sicherlich noch weiterer Forschung. Daher wird empfohlen, vorerst bei Erwähnung von Steiners These frühkanaanäischer Zaubersprüche in der Unas-Pyramide, die den ersten akkadischen Textbelegen vorausgehen sollen, diese nicht als Faktum zu präsentieren, sondern auf den noch nicht abgeschlossenen Diskurs und die derzeitige Unmöglichkeit der Verifikation hinzuweisen.

# 6. Zusammenfassung / Abstract

## Zusammenfassung

Richard Steiner zufolge sind bislang unklare Passagen der Schlangensprüche in der Unaspyramide als hieroglyphische Transkriptionen eines frühen westsemitischen, kanaanäischen Dialekts des levantinischen Raumes zu deuten. Demnach stellen diese die ältesten semitischen Textpassagen dar, die auch den ersten vollständigen akkadischen Textbelegen vorausgehen. Neben inhaltlichen und orthographischen Aspekten untersucht die vorliegende Studie Steiners Ergebnisse insbesondere anhand phonologischer Kriterien: Die möglichen Lautwerte der dargelegten semitischen Transkription werden den maßgeblichen rekonstruierten altägyptischen Lautwerten der auftretenden Hieroglyphen gegenübergestellt und anhand ihrer Ähnlichkeit bewertet. Mehrere Phonemkorrelationen können auf Basis dieser Analyse nicht bestätigt werden. Zusammen mit orthographischen Unstimmigkeiten und methodischen Mängeln bedeutet dies, dass sich Steiners konkrete Interpretation dieser Schlangenspruchpassagen in der dargebrachten Form nicht verifizieren lässt. Daher ist es weiterhin völlig offen, ob diese nun semitischen, ägyptischen (in „kodierter“ bzw. ungewöhnlicher Schreibung) oder anderssprachigen Inhalts sind. Dieses Buch spiegelt – abgesehen von einzelnen neueren Referenzen in Fußnoten – den Forschungsstand von 2019 wider.

## Abstract

According to Richard Steiner, some unclear passages of the snake spells in the pyramid of Unas should be interpreted as hieroglyphic transcriptions of an early West Semitic, Canaanite dialect of the Levantine area. Hence, they would represent the oldest Semitic text passages, which also precede the first complete Akkadian textual evidence. In addition to content and orthographic aspects, this study examines Steiner's results, especially by means of phonological criteria: The possible phonetic values of the presented Semitic transcription are compared with the relevant reconstructed Old Egyptian phonetic values of the occurring hieroglyphs and evaluated based on their similarity. Several phoneme correlations cannot be confirmed based on this analysis.

Together with orthographic anomalies and methodological flaws, this indicates that Steiner's concrete interpretation of these snake spell passages cannot be verified. Therefore, it remains completely uncertain whether their content is in Semitic, Egyptian (in "coded" form or unusual writing) or another language. This book reflects the state of research of 2019, apart from some more recent references in footnotes.

# 7. Literaturverzeichnis

## 7.1 Primärliteratur

Abu Bakr, Abdel Moneim; Jürgen Osing: „Ächtungstexte aus dem Alten Reich.“ In: *Mitteilungen des Deutschen Archäologischen Instituts, Abteilung Kairo* 29 (1973), S. 97–133.

Albright, William F.: „Northwest-Semitic names in a list of Egyptian slaves from the eighteenth century B. C.“ In: *Journal of the American Oriental Society* 74 (1954), 4, S. 222–233.

Allen, James P.: *The ancient Egyptian Pyramid Texts.* Translated with an introduction and notes, edited by Peter Der Manuelian, Atlanta 2005 (Writings from the ancient world 23).

— *The ancient Egyptian Pyramid Texts*, 2nd ed., Atlanta 2015 (Writings from the ancient world 38).

— *A grammar of the ancient Egyptian Pyramid Texts*, Bd. 1, *Unis*, Winona Lake, Ind. 2017 (Languages of the ancient Near East 7).

— *A new concordance of the Pyramid Texts*, Bd. 1, *Introduction, occurrences, transcription*, Providence 2013.

Baqué Manzano, Lucas: *Fills de Djaamu. Els apotropaia dels textos de les piràmides: fórmules per sobreviure als perills del més enllà*, Barcelona 2015.

Faulkner, Raymond O.: *The ancient Egyptian pyramid texts.* Translated into English, Bd. 1–2, Oxford 1969.

Kosack, Wolfgang: *Die altägyptischen Pyramidentexte in neuer deutscher Übersetzung*, Basel 2015.

Leitz, Christian: „Die Schlangensprüche in den Pyramidentexten.“ In: *Orientalia* 65 (1996), S. 381–427.

Osing, Jürgen: „Ächtungstexte aus dem Alten Reich (II).“ In: *Mitteilungen des Deutschen Archäologischen Instituts, Abteilung Kairo* 32 (1977), S. 133–185.

Posener, Georges: *Princes et pays d'Asie et de Nubie. Textes hiératiques sur des figurines d'envoûtement du Moyen Empire*, Bruxelles 1940.

Quack, Friedrich: „Some Old Kingdom Execration Figurines from the Teti Cemetery.“ In: *Bulletin of the Australian Centre for Egyptology* 13 (2002), S. 149–160.

Rzeuska, Teodozja I.: „Execration again? Remarks on an Old Kingdom Ritual." In: *Polish Archaeology in the Mediterranean* 22 (2013), S. 627–634.

Sethe, Kurt: *Die Ächtung feindlicher Fürsten, Völker und Dinge auf altägyptischen Tongefäßscherben des Mittleren Reiches nach den Originalen im Berliner Museum*, Berlin 1926 (Abhandlungen der Preußischen Akademie der Wissenschaften, Philosophisch-Historische Klasse 1926,5).

— *Die altägyptischen Pyramidentexte.* Nach den Papierabdrücken und Photographien des Berliner Museums neu herausgegeben und erläutert, Bd. 1–2, Leipzig 1908–1910.

— *Übersetzung und Kommentar zu den altägyptischen Pyramidentexten*, Bd. 1, *Spruch 213–260 (§§ 134a–322a/b)*, Glückstadt 1935.

Steiner, Richard C.: *Early Northwest Semitic serpent spells in the Pyramid Texts*, Winona Lake, Ind. 2011 (Harvard Semitic studies 61).

— „Proto-Canaanite spells in the Pyramid Texts. A first look at the history of Hebrew in the third millennium B.C.E." In: *Lěšonénu* 70 (2008), S. 15–27.

Strudwick, Nigel C.: *Texts from the pyramid age*, edited by Ronald J. Leprohon, Atlanta 2005 (Writings from the ancient world 16).

## 7.2 Sekundärliteratur

Albright, William F.: „The Amarna letters from Palestine." In: I.E.S. Edwards, C.J. Gadd, N.G.L. Hammond, E. Sollberger (Hrsg.), *The Cambridge ancient history*, Bd. 2,2, *History of the Middle East and the Aegean region c. 1380–1000 B.C.*, 3rd ed., Cambridge 1975.

— *The vocalization of the Egyptian syllabic orthography*, New Haven, Conn. 1934 (American oriental series 5).

Allen, James P.: *The ancient Egyptian language. An historical study*, Cambridge 2013.

— *Ancient Egyptian phonology*, Cambridge 2020.

— *Middle Egyptian. An introduction to the language and culture of hieroglyphs*, 3rd ed., Cambridge 2014.

— „Pyramid Texts." In: Donald B. Redford (Hrsg.), *The Oxford encyclopedia of Ancient Egypt*, Bd. 3, Oxford 2001, S. 95–97.

Altenmüller, Hartwig: „Pyramidentexte." In: Wolfgang Helck, Wolfhart Westendorf (Hrsg.), *Lexikon der Ägyptologie*, Bd. 5, *Pyramidenbau – Steingefäße*, Wiesbaden 1984, Sp. 14–23.

Althaus, Hans Peter: „Graphemik." In: Hans Peter Althaus, Helmut Henne, Herbert Ernst Wiegand (Hrsg.), *Lexikon der germanistischen Linguistik*, 2., vollständig neu bearbeitete und erweiterte Aufl., Tübingen 1980, S. 142–151.

„Ancient Egyptian. Glossing of common Earlier Egyptian forms." In: Daniel A. Werning (Hrsg.), *Glossing Ancient Languages*, https://wikis.hu-berlin.de/interlinear_glossing/Ancient_Egyptian:Glossing_of_common_Earlier_Egyptian_forms, 21.8.2019.

Andrason, Alexander; Juan-Pablo Vita: „Amorite: a Northwest Semitic language?" In: *Journal of Semitic studies* 63 (2018), 1, S. 18–58.

Barta, Winfried: *Die Bedeutung der Pyramidentexte für den verstorbenen König*, München 1981.

Becking, Bob: „Phoenician snakes and a prophetic parallelism: an implication for Zephaniah 1,9 of a recent discovery in the Egyptian Pyramid Texts." In: *Journal of Northwest Semitic languages* 40 (2014), S. 1–16.

Bergsträsser, Gotthelf: *Einführung in die semitischen Sprachen. Sprachproben und grammatische Skizzen*, München 1928.

Bojowald, Stefan: „Rezension zu Richard C. Steiner, Early Northwest Semitic serpent spells in the Pyramid Texts, Winona Lake, Ind. 2011." In: *Bibliotheca orientalis* 69 (2012), 3/4, S. 236–242.

Bonnet, Hans: „Pyramidentexte." In: Hans Bonnet, *Lexikon der ägyptischen Religionsgeschichte*, 3. unveränderte Aufl., Berlin 2000, S. 620–623.

Breyer, Francis: *Ägyptische Namen und Wörter im Alten Testament*, Münster 2019 (Ägypten und Altes Testament 93).

— „Zu den angeblich semitischen Schlangensprüchen der Pyramidentexte. Rezension zu Richard C. Steiner, Early Northwest Semitic serpent spells in the Pyramid Texts, Winona Lake, Ind. 2011." In: *Orientalistische Literaturzeitung* 107 (2012), 3, S. 141–146.

Brix, Nicole Pierrette: *Étude de la faune ophidienne de l'Égypte ancienne*, Bd. 1–2, Paris 2010.

Brovender, Chaim: „Hebrew Language. Pre-Biblical." In: *Encyclopaedia Judaica*, Bd. 16, *Ur – Z*, Jerusalem 1972, Sp. 1560–1568.

Buchberger, Hannes: *Sargtextstudien*, Bd. 1, *Transformation und Transformat*, Wiesbaden 1993 (Ägyptologische Abhandlungen 52).

Burkard, Günter; Heinz J. Thissen: *Einführung in die altägyptische Literaturgeschichte*, Bd. 1, *Altes und Mittleres Reich*, Münster 2003 (Einführungen und Quellentexte zur Ägyptologie 1).

Colless, Brian E.: „The Byblos Syllabary and the proto-alphabet." In: *Abr-Nahrain* 30 (1992), S. 55–102.

Colonna, Angelo: „Gods in translation. Dynamics of transculturality between Egypt and Byblos in the III millennium BC." In: *Studi e materiali di storia delle religioni* 84 (2018), S. 65–90.

Comrie, Bernard; Martin Haspelmath; Balthasar Bickel: *The Leipzig Glossing Rules. Conventions for interlinear morpheme-by-morpheme glosses*, Stand: 31.5.2015, https://www.eva.mpg.de/lingua/pdf/Glossing-Rules.pdf, 21.8.2019.

Coulmas, Florian: *The writing systems of the world*, Oxford 1989 (The language library).

Czermak, Wilhelm: *Die Laute der ägyptischen Sprache. Eine phonetische Untersuchung*, Bd. 1–2, Wien 1931–1934 (Schriften der Arbeitsgemeinschaft der Ägyptologen und Afrikanisten in Wien 2–3).

Daniels, Peter T.: „Ancient Near Eastern writing systems. The first civilizations." In: Peter T. Daniels, William Bright (Hrsg.), *The world's writing systems*, New York 1996, S. 21–32.

Di Biase-Dyson, Camilla; Frank Kammerzell; Daniel A. Werning: „Glossing Ancient Egyptian. Suggestions for adapting the Leipzig Glossing Rules." In: *Lingua Aegyptia* 17 (2009), S. 243–266.

Edel, Elmar: *Altägyptische Grammatik*, Bd. 1–2, Roma 1955–1964 (Analecta orientalia 34/39).

Edzard, Lutz: „Biblical Hebrew." In: Stefan Weninger (Hrsg.), *The Semitic languages. An international handbook*, Berlin 2011 (Handbücher zur Sprach- und Kommunikationswissenschaft 36), S. 480–514.

Faber, Alice: „Genetic subgrouping of the Semitic languages." In: Robert Hetzron (Hrsg.), *The Semitic languages*, London 1997 (Routledge language family descriptions), S. 3–15.

Fales, Frederick Mario: „Old Aramaic." In: Stefan Weninger (Hrsg.), *The Semitic languages. An international handbook*, Berlin 2011 (Handbücher zur Sprach- und Kommunikationswissenschaft 36), S. 555–573.

Faller, Stefan: „Punisches im Poenulus." In: Thomas Baier (Hrsg.), *Studien zu Plautus' Poenulus*, Tübingen 2004 (ScriptOralia 127. Reihe A, Altertumswissenschaftliche Reihe 34), S. 163–202.

Frajzyngier, Zygmunt; Erin Shay: „Introduction." In: Zygmunt Frajzyngier, Erin Shay (Hrsg.), *The Afroasiatic languages*, Cambridge 2012, S. 1–17.

Gelb, Ignace J.: *Computer-aided analysis of Amorite*, Chicago, Illinois 1980 (Assyriological studies 21).

Gordon, Cyrus H.: „Ugaritic phonology." In: Alan S. Kaye (Hrsg.), *Phonologies of Asia and Africa (including the Caucasus)*, Bd. 1, Winona Lake, Ind. 1997, S. 49–54.

Hackett, Jo Ann: „Phoenician and Punic." In: Roger D. Woodard (Hrsg.), *The ancient languages of Syria-Palestine and Arabia*, Cambridge 2008, S. 82–102.

Hainline, Brendan H.: „Phonological variants of the Old Egyptian particle *sk*/s*ṯ* in the biographies of *Wnj*." In: *Lingua Aegyptia* 30 (2022), S. 155–170.

Hall, Tracy Alan: *Phonologie. Eine Einführung*, 2., überarbeitete Aufl., Berlin 2011 (de Gruyter Studium).

Hamilton, Gordon J.: *The origins of the West Semitic alphabet in Egyptian scripts*, Washington, D. C. 2006 (The Catholic biblical quarterly. Monograph series 40).

Harris, Zellig S.: *Development of the Canaanite dialects. An investigation in linguistic history*, New Haven, Conn. 1939 (American oriental series 16).

Hays, Harold M.: *The Organization of the Pyramid Texts. Typology and disposition*, Bd. 1–2, Leiden 2012 (Probleme der Ägyptologie 31).

Helck, Wolfgang: *Die Beziehungen Ägyptens zu Vorderasien im 3. und 2. Jahrtausend v. Chr.*, Wiesbaden 1962 (Ägyptologische Abhandlungen 5).

— *Die Beziehungen Ägyptens zu Vorderasien im 3. und 2. Jahrtausend v. Chr., 2.*, verbesserte Aufl., Wiesbaden 1971 (Ägyptologische Abhandlungen 5).

Hintze, Fritz: „Bemerkungen zur Aspiration der Verschlußlaute im Koptischen." In: *Zeitschrift für Phonetik und allgemeine Sprachwissenschaft* 1 (1947), S. 199–213.

Hoch, James E.: *Semitic words in Egyptian texts of the New Kingdom and Third Intermediate Period*, Princeton, N. J. 1994 (Princeton Legacy Library).

Hodge, Carleton T.: „The role of Egyptian within Afroasiatic (/Lislakh)." In: Philip Baldi (Hrsg.), *Linguistic change and reconstruction methodology*, Berlin 1990 (Trends in linguistics 45), S. 639–659.

Hornung, Erik; Rolf Krauss; David Warburton: „Chronological table for the dynastic period." In: David Warburton, Rolf Krauss, Erik Hornung (Hrsg.), *Ancient Egyptian chronology*, Leiden 2006 (Handbuch der Orientalistik 83), S. 490–495.

Huehnergard, John: „Afro-Asiatic." In: Roger D. Woodard (Hrsg.), *The ancient languages of Syria-Palestine and Arabia*, Cambridge 2008, S. 225–246.

— „Northwest Semitic languages." In: Lutz Edzard, Rudolf de Jong (Hrsg.), *Encyclopedia of Arabic Language and Linguistics*, Leiden, http://dx.doi.org/10.1163/1570-6699_eall_EALL_COM_vol3_0234, 10.9.2019.

Huehnergard, John; Aaron D. Rubin: „Phyla and waves: models of classification of the Semitic languages." In: Stefan Weninger (Hrsg.), *The Semitic languages*, Berlin 2011 (Handbücher zur Sprach- und Kommunikationswissenschaft 36), S. 259–278.

Izre'el, Shlomo: *Canaano-Akkadian*, München 1998 (Languages of the world / Materials 82).

Kahl, Jochem: *Siut-Theben. Zur Wertschätzung von Traditionen im alten Ägypten*, Leiden 1999 (Probleme der Ägyptologie 13).

Kammerzell, Frank: „Rezension zu David Cohen (Hrsg.), Les langues dans le monde ancien et moderne, Bd. 3, Les langues chamito-sémitiques, Paris 1988." In: *Lingua Aegyptia* 2 (1992), S. 157–175.

Kammerzell, Frank: „The sounds of a dead language. Reconstructing Egyptian phonology." In: *Göttinger Beiträge zur Sprachwissenschaft* 1 (1998), S. 21–41.

— „Zur Interpretation einiger Beispiele graphemsprachlicher Varianz im Ägyptischen." In: *Göttinger Beiträge zur Sprachwissenschaft* 2 (1999), S. 61–97.

Kausen, Ernst: *Die Sprachfamilien der Welt*, Bd. 2, *Afrika – Indopazifik – Australien – Amerika*, Hamburg 2014.

Kilani, Marwan: „Phonological change and interdialectal differences between Egyptian and Coptic: ḏ, ṯ → c=ϫ versus ḏ, ṯ → t=ⲧ." In: *Diachronica* 38 (2021), 4, S. 601–627.

— *Vocalisation in group writing. A new proposal*, Hamburg 2019 (Lingua Aegyptia. Studia Monographica 20).

Kitchen, Andrew; Christopher Ehret; Shiferaw Assefa; Connie J. Mulligan: „Bayesian phylogenetic analysis of Semitic languages identifies an Early Bronze Age origin of Semitic in the Near East." In: *Proceedings of the Royal Society of London*, Series B 276 (2009), S. 2703–2710.

Kitchen, Kenneth A.: „Lotuses and lotuses, or … poor Susan's older than we thought." In: *Varia Aegyptiaca* 3 (1987), 1, S. 29–31.

Kogan, Leonid: *Genealogical classification of Semitic. The lexical isoglosses*, Boston 2015.

— „Proto-Semitic phonetics and phonology." In: Stefan Weninger (Hrsg.), *The Semitic languages. An international handbook*, Berlin 2011 (Handbücher zur Sprach- und Kommunikationswissenschaft 36), S. 54–151.

Künzel, Hermann J.: „Voice Onset Time." In: *Sprache, Stimme, Gehör* 35 (2011), 2, S. 65.

Ladefoged, Peter; Sandra Ferrari Disner: *Vowels and consonants*, 3rd ed., Chichester 2012.

Lambdin, Thomas O.: „Egyptian loan words in the Old Testament." In: *Journal of the American Oriental Society* 73 (1953), 3, S. 145–155.

Lepsius, Carl Richard: *Das allgemeine linguistische Alphabet. Grundsätze der Übertragung fremder Schriftsysteme und bisher noch ungeschriebener Sprachen in europäische Buchstaben*, Berlin 1855.

— *Standard alphabet for reducing unwritten languages and foreign graphic systems to a uniform orthography in European letters*, 2nd ed., London 1863.

Lipiński, Edward: *Semitic languages. Outline of a comparative grammar*, Leuven 1997 (Orientalia Lovaniensia analecta 80).

— *Semitic linguistics in historical perspective*, Leuven 2014 (Orientalia Lovaniensia analecta 230).

Loprieno, Antonio: *Ancient Egyptian. A linguistic introduction*, Cambridge 1995.

— „Egyptian and Coptic phonology." In: Alan S. Kaye (Hrsg.), *Phonologies of Asia and Africa (including the Caucasus)*, Bd. 1, Winona Lake, Ind. 1997, S. 431–460.

Loprieno, Antonio; Matthias Müller: „Ancient Egyptian and Coptic." In: Zygmunt Frajzyngier, Erin Shay (Hrsg.), *The Afroasiatic languages*, Cambridge 2012, S. 102–144.

Martin, Geoffrey T: „A much-published Byblite cylinder seal." In: Leonard H. Lesko (Hrsg.), *Ancient Egyptian and Mediterranean studies in memory of William A. Ward*, Providence, R. I. 1998, S. 173–182.

Mathieu, Bernard: „Les formules conjuratoires dans les pyramides à textes: quelques réflexions." In: Yvan Koenig (Hrsg.), *La magie en Égypte. À la recherche d'une définition*, Paris 2002, S. 185–206.

Meeks, Dimitri: „Les emprunts Égyptiens aux langues sémitiques durant le Nouvel Empire et la Troisième Période Intermédiaire. Les aléas du comparatisme." In: *Bibliotheca Orientalis* 54 (1997), Sp. 32–61.

Mendenhall, George E.: *The syllabic inscriptions from Byblos*, Beirut 1985.

Meurer, Georg: *Die Feinde des Königs in den Pyramidentexten*, Göttingen 2002 (Orbis Biblicus et Orientalis 189).

Millard, Alan R.: „Rezension zu Richard C. Steiner, Early Northwest Semitic serpent spells in the Pyramid Texts, Winona Lake, Ind. 2011." In: *Vetus Testamentum* 62 (2012), 4, S. 660–661.

Morales, Antonio J.: „From voice to papyrus to wall: *Verschriftung* and *Verschriftlichung* in the Old Kingdom Pyramid Texts." In: Markus Hilgert (Hrsg.), *Understanding material text cultures. A multidisciplinary view*, Berlin 2016 (Materiale Textkulturen 9), S. 69–130.

Moran, William L.: „The Hebrew language in its Northwest Semitic background." In: G. Ernest Wright (Hrsg.), *The Bible and the ancient Near East. Essays in honor of William Foxwell Albright*, London 1961, S. 53–72.

Morgenstern, Matthew: „Rezension zu Richard C. Steiner, Early Northwest Semitic serpent spells in the Pyramid Texts, Winona Lake, Ind. 2011." In: *Journal of Semitic Studies*, 57 (2012), 2, S. 450–451.

Noonan, Benjamin J.: *Non-Semitic loanwords in the Hebrew Bible. A lexicon of language contact*, University Park, Pa. 2019 (Linguistic studies in ancient West Semitic 14).

Osing, Jürgen: „Zum Lautwert von ꜣ und ꜥ." In: *Studien zur altägyptischen Kultur* 24 (1997), S. 223–229.

Otto, Bernd-Christian; Michael Stausberg: „General introduction." In: Bernd-Christian Otto, Michael Stausberg (Hrsg.), *Defining magic. A reader*, Sheffield 2013, S. 1–13.

Pardee, Dennis: „Ugaritic.“ In: Roger D. Woodard (Hrsg.), *The ancient languages of Syria-Palestine and Arabia*, Cambridge 2008, S. 5–35.

— „Ugaritic.“ In: Stefan Weninger (Hrsg.), *The Semitic languages. An international handbook*, Berlin 2011 (Handbücher zur Sprach- und Kommunikationswissenschaft 36), S. 460–472.

Peust, Carsten: *Egyptian phonology. An introduction to the phonology of a dead language*, Göttingen 1999 (Monographien zur ägyptischen Sprache 2).

— „Der Lautwert der Schilfblatt-Hieroglyphe (M17).“ In: *Lingua Aegyptia* 24 (2016), S. 89–100.

— „Rezension zu James P. Allen, Ancient Egyptian phonology, Cambridge 2020.“ In: *Lingua Aegyptia* 28 (2020), S. 333–353.

— „Zur Sonderentwicklung des Ayin neben Het.“ In: *Lingua Aegyptia* 30 (2022), S. 223–269.

Peust, Carsten; Frank Kammerzell; Matthias Müller: „Vorwort zum Sprachvergleich.“ In: Rainer Hannig, *Die Sprache der Pharaonen. Großes Handwörterbuch Ägyptisch – Deutsch (2800–950 v. Chr.)*, Marburger Edition, 4., überarbeitete Aufl., Mainz 2006 (Kulturgeschichte der antiken Welt 64), S. XIII–XVII.

Quack, Friedrich: „*kft3w* und *i3šy*.“ In: *Ägypten und Levante. Egypt and the Levant* 6 (1996), S. 75–81.

— „Rezension zu James E. Hoch, Semitic words in Egyptian texts of the New Kingdom and Third Intermediate Period, Princeton, New Jersey 1994 (Princeton Legacy Library).“ In: *Zeitschrift der Deutschen Morgenländischen Gesellschaft* 146 (1996), S. 507–514.

— „Rezension zu Marwan Kilani, Vocalisation in Group Writing.“ In: *Die Welt des Orients*, 51 (2021), 2, S. 251–258.

— „Von der Vielfalt der ägyptischen Sprache in der griechisch-römischen Zeit.“ In: *Zeitschrift für ägyptische Sprache und Altertumskunde* 140 (2013), 1, S. 36–53.

— „Zauber ohne Grenzen. Zur Transkulturalität der spätantiken Magie.“ In: Andreas H. Pries, Laetitia Martzolff, Robert Langer, Claus Ambos (Hrsg.), *Rituale als Ausdruck von Kulturkontakt. „Synkretismus“ zwischen Negation und Neudefinition. Akten der interdisziplinären Tagung des Sonderforschungsbereiches „Ritualdynamik“*, Wiesbaden 2013 (Studies in oriental religions 67), S. 177–199.

— „Zu den vorarabischen semitischen Lehnwörtern des Koptischen.“ In: Bogdan Burtea, Josef Tropper, Helen Younansardaroud (Hrsg.), *Studia semitica et semitohamitica. Festschrift für Rainer Voigt anläßlich seines 60. Geburtstages am 17. Januar 2004*, Münster 2005 (Alter Orient und Altes Testament 317), S. 307–338.

— „Zur Stellung des Ägyptischen innerhalb der afroasiatischen Sprachen.“ In: *Orientalistische Literaturzeitung* 97 (2002), 2, S. 161–172.

Rendsburg, Gary A.: „Ancient Hebrew phonology.“ In: *Phonologies of Asia and Africa (including the Caucasus)*, Bd. 1, Winona Lake, Ind. 1997, S. 65–83.

Richter, Tonio Sebastian; Daniel A. Werning (Hrsg.): *Thesaurus Linguae Aegyptiae*, Korpus-Ausgabe 17, Web-App-Version 2.01, https://thesaurus-linguae-aegyptiae .de, 3.6.2023.

Ritner, Robert K.: „Foreword.“ In: Richard C. Steiner, *Early Northwest Semitic serpent spells in the Pyramid Texts*, Winona Lake, Ind. 2011 (Harvard Semitic studies 61), S. IX–XI.

Rössler, Otto: „Das Ägyptische als semitische Sprache.“ In: Franz Altheim, Ruth Stiehl (Hrsg.), *Christentum am Roten Meer*, Bd. 1, Berlin 1971, S. 263–326.

— „Das ältere ägyptische Umschreibungssystem für Fremdnamen und seine sprachgeschichtlichen Lehren.“ In: Johannes Lukas (Hrsg.), *Neue afrikanistische Studien*, Hamburg 1966 (Hamburger Beiträge zur Afrika-Kunde 5), S. 218–229.

Sass, Benjamin: *Studia alphabetica. On the origin and early history of the Northwest Semitic, South Semitic and Greek alphabets*, Freiburg, Schweiz 1991 (Orbis biblicus et orientalis 102).

Satzinger, Helmut: *Das ägyptische «Aleph»-Phonem*, https://homepage.univie.ac.at/ helmut.satzinger/Texte/AlePhonem.pdf, 17.9.2019. Auch erschienen in: Manfred Bietak, Johanna Holaubek, Hans Mukarovsky, Helmut Satzinger (Hrsg.), *Zwischen den beiden Ewigkeiten. Festschrift Gertrud Thausing*, Wien 1994, S. 191–205.

— „Historische ägyptische Phonologie und die afroasiatische Komparatistik. Rezension zu Gábor Takács, Etymological dictionary of Egyptian, Bd. 1, Leiden 1999.“ In: *Wiener Zeitschrift für die Kunde des Morgenlandes* 93 (2003), S. 211–225.

Schenkel, Wolfgang: *Einführung in die altägyptische Sprachwissenschaft*, Darmstadt 1990 (Orientalistische Einführungen).

— „Syllabische Schreibung.“ In: Wolfgang Helck, Wolfhart Westendorf (Hrsg.), *Lexikon der Ägyptologie*, Bd. 6, *Stele – Zypresse*, Wiesbaden 1986, Sp. 114–122.

— „Das Wort für ‚König (von Oberägypten)‘.“ In: *Göttinger Miszellen*, 94 (1986), S. 57–73.

Schneider, Thomas: *Asiatische Personennamen in ägyptischen Quellen des Neuen Reiches*, Freiburg, Schweiz, 1992 (Orbis biblicus et orientalis 114).

— „Beiträge zur sogenannten ‚Neueren Komparatistik‘.“ In: *Lingua Aegyptia* 5 (1997), 189–209.

— *Lexikon der Pharaonen. Die altägyptischen Könige von der Frühzeit bis zur Römerherrschaft*, Zürich 1994.

— *Refutation*, https://lists.ibiblio.org/pipermail/b-hebrew/2007-January/031401.html, 10.9.2019.

— „Die semitischen und ägyptischen Namen der syrischen Sklaven des Papyrus Brooklyn 35.1446 verso.“ In: *Ugarit-Forschungen* 19 (1987), S. 255–282.

Schneider, Thomas: „Wer war der Gott ‚Chajtau'?“ In: Krzysztof M. Cialowicz, Janusz A. Ostrowski (Hrsg.), *Les civilisations du bassin mediterranéen. Hommages à Joachim Sliwa*, Cracovie 2000, S. 215–220.

Schott, Siegfried: *Bemerkungen zum ägyptischen Pyramidenkult*, Kairo 1950 (Beiträge zur ägyptischen Bauforschung und Altertumskunde 5,2).

— *Mythe und Mythenbildung im Alten Ägypten*, Nachdruck der Ausgabe Leipzig 1945, Hildesheim 1964 (Untersuchungen zur Geschichte und Altertumskunde Ägyptens 15).

Segert, Stanislav: „Phoenician and Punic phonology.“ In: *Phonologies of Asia and Africa (including the Caucasus)*, Bd. 1, Winona Lake, Ind. 1997, S. 55–64.

Sethe, Kurt: *Urgeschichte und älteste Religion der Ägypter*, Leipzig 1930 (Abhandlungen für die Kunde des Morgenlandes 18,4).

Shaw, Ian (Hrsg.): „Chronology.“ In: Ian Shaw (Hrsg.), *The Oxford history of ancient Egypt*, new ed., Oxford 2003, S. 480–489.

Spiegel, Joachim: *Das Auferstehungsritual der Unas-Pyramide. Beschreibung und erläuterte Übersetzung*, Wiesbaden 1971 (Ägyptologische Abhandlungen 23).

— „Die religionsgeschichtliche Stellung der Pyramidentexte.“ In: *Orientalia, nova series* 22 (1953), 2, S. 129–157.

Stevens Jr., Phillips: „Magic.“ In: David Levinson, Melvin Ember (Hrsg.), *Encyclopedia of cultural anthropology*, Bd. 3, 1st ed., New York 1996, S. 721–726.

Streck, Michael P.: „Amorite.“ In: Stefan Weninger (Hrsg.), *The Semitic languages. An international handbook*, Berlin 2011 (Handbücher zur Sprach- und Kommunikationswissenschaft 36), S. 452–459.

— *Das amurritische Onomastikon der altbabylonischen Zeit*, Bd. 1, *Die Amurriter, die onomastische Forschung, Orthographie und Phonologie, Nominalmorphologie*, Münster 2000 (Alter Orient und Altes Testament 271,1).

Takács, Gábor: *Etymological dictionary of Egyptian*, Bd. 1, *A phonological introduction*, Leiden 1999 (Handbuch der Orientalistik 48,1).

— „Semitic-Egyptian relations.“ In: Stefan Weninger (Hrsg.), *The Semitic languages. An international handbook*, Berlin 2011 (Handbücher zur Sprach- und Kommunikationswissenschaft 36), S. 7–18.

Theis, Christoffer: *Magie und Raum. Der magische Schutz ausgewählter Räume im Alten Ägypten nebst einem Vergleich zu angrenzenden Kulturbereichen*, Tübingen 2013 (Orientalische Religionen in der Antike 13).

Tropper, Josef: „Die nordwestsemitischen Schriften.“ In: Hartmut Günther, Otto Ludwig (Hrsg.), *Schrift und Schriftlichkeit. Ein interdisziplinäres Handbuch internationaler Forschung*, Bd. 1, Berlin 1994 (Handbücher zur Sprach- und Kommunikationswissenschaft 10,1), S. 297–306.

— „The Ugaritic language. Ugaritic grammar." In: Wilfred G.E. Watson, Nicolas Wyatt (Hrsg.), *Handbook of Ugaritic studies*, Leiden 1999 (Handbuch der Orientalistik 39), S. 91–121.

Tropper, Josef; Juan-Pablo Vita: *Das Kanaano-Akkadische der Amarnazeit*, Münster 2010 (Lehrbücher orientalischer Sprachen 1).

Vergote, Jozef: *Phonétique historique de l'Égyptien. Les consonnes*, Louvain 1945 (Bibliothèque du Muséon 19).

Vicente, Ángeles; Il-Il Malibert, Alexandrine Barontini: „Glossing in Semitic languages. A comparison of Moroccan Arabic and Modern Hebrew." In: Amina Mettouchi, Martine Vanhove, Dominique Caubet (Hrsg.), *Corpus-based studies of lesser-described languages. The CorpAfroAs corpus of spoken AfroAsiatic languages*, Amsterdam 2015 (Studies in corpus linguistics 68), S. 173–206.

Vittmann, Günter: „Rezension zu James E. Hoch, Semitic words in Egyptian texts of the New Kingdom and Third Intermediate Period, Princeton, New Jersey 1994 (Princeton Legacy Library)." In: *Wiener Zeitschrift für die Kunde des Morgenlandes* 87 (1997), S. 277–288.

Werning, Daniel A.: „Hypotheses on glides and *matres lectionis* in Earlier Egyptian orthographies." In: James P. Allen, Mark A. Collier, Andréas Stauder (Hrsg.), *Coping with obscurity. The Brown Workshop on Earlier Egyptian grammar*, Atlanta 2016 (Wilbour studies in egyptology and assyriology), S. 29–44.

Willems, Harco: *Chests of life. A study of the typology and conceptual development of Middle Kingdom standard class coffins*, Leiden 1988 (Vooraziatisch-Egyptisch Genootschap Ex Oriente Lux: Mededelingen en verhandelingen 25).

Wimmer, Stefan J.: „Die Ächtungstexte der 12./13. Dynastie (19./18. Jahrhundert)." In: Manfred Weippert, *Historisches Textbuch zum Alten Testament*, Göttingen 2010 (Grundrisse zum Alten Testament 10), S. 33 f.

Worrell, William H.: *Coptic sounds*. With an appendix by Hide Shohara, Ann Arbor 1934 (University of Michigan studies. Humanistic series 26).

Wyatt, Nick: „Rezension zu Richard C. Steiner, Early Northwest Semitic serpent spells in the Pyramid Texts, Winona Lake, Ind. 2011." In: *Journal for the Study of the Old Testament* 36 (2012), 5, S. 167.

Zeidler, Jürgen: „A new approach to the Late Egyptian 'syllabic orthography'." In: *Sesto Congresso Internazionale di Egittologia*, Bd. 2, Torino 1993, S. 579–590.

— „Rezension zu Karel Petráček, Altägyptisch, Hamitosemitisch und ihre Beziehungen zu einigen Sprachfamilien in Afrika und Asien. Vergleichende Studien, Praha 1988." In: *Lingua Aegyptia* 2 (1992), S. 189–222.

# 8. Anhang: Tabellen

Tabelle 1: Vergleich der Rekonstruktionen altägyptischer Phonologie (mit Referenzzeit)

| Graphonem | Traditionelle Komparatistik | | Neuere Komparatistik | | | | |
|---|---|---|---|---|---|---|---|
| | Edel[1] (2850–2190 v. Chr.) | Takács[2] (Altägyptisch) | Rössler[3] (Ägyptisch) | Loprieno[4] (ca. 2500 v. Chr.) | Kammerzell[5] (ca. 2200 v. Chr.) | Peust[6] (bis ca. 2000 v. Chr.) | Allen[7] (2690–2100 v. Chr.) |
| *ꜣ* | /ꜣ/ → [ʔ, j, l],[12] #∅, ∅#[11] | /3/ → [r, l], ([ʔ])[12] | /r/ → [r]<br>/l/ → [l] | /ʀ/ → [ʀ]<br>/l/ → [l] | /r/ → [r] | /rₗ/ → ? | /l/ → [ɫ/l, ʔ, j],[12] ∅[11] |
| *j* | /j/ → [j, ʔ], ∅[11] | /j/ → [j, ʔ] | /ɟ/ → [ɟ]<br>/j/ → [j]<br>/l/ →[ʀ]<br>/ʾ/ → [ʔ, ʔʲ][12]<br>/y/ → [j] | /j/ → #[j],[11]<br>V́[j][12]<br>/l/ → [l] | /ɟ/ → [ɟ]<br>/j/ → [j]<br>(/j/ → [j/ɟj])[12] | /j/ → [j] | /ʔ/ → [ʔ], #[j], [j]#, #[ʔ]V, V#, V[ʔ/j]V, ∅[11] |
| *y* | /j/ → [j] | | /y/ → [j] | /j/ → [j]V́[11] | | /j/ → [j] | /y/ → [j] |
| *ʿ* | /ʿ/ → [ʕ] | /ʿ/ → [ʕ] | /ʿ/ → [d]<br>/l/ → [l] | /d/ → [d] | /d/ → [d]<br>(/z/ → [z/d͡z]) | /d/ → [d] | /ʕ/ → [ʕ]/ ([d/dˁ/d’]) |
| *w* | /w/ → [w] | /w/ → [w] | /w/ → [w] | /ʋ/ → [ʋ] | /w/ → [w] | /w/ → [w] | /w/ → [w], V#[11] |
| *b* | /b/ → [b][8] /[p][9] | /b/ → [b] | /b/ → [b] | /b/ → [b] | /b/ → [b] | /b/ → [b] | /b/ → [p][9] /([b])[8] |
| *p* | /p/ → [p][8] /[pʰ][9] | /p/ → [p] | /p/ → [p] | /p/ → [pʰ] | /p/ → [p] | /p(ʰ)/ → [pʰ] /[p][12] | /p/ → [pʰ][9] /([pʰ]/[p])[8] |

| Graphonem | Traditionelle Komparatistik | | Neuere Komparatistik | | | | |
|---|---|---|---|---|---|---|---|
| | Edel[1] (2850–2190 v. Chr.) | Takács[2] (Altägyptisch) | Rössler[3] (Ägyptisch) | Loprieno[4] (ca. 2500 v. Chr.) | Kammerzell[5] (ca. 2200 v. Chr.) | Peust[6] (bis ca. 2000 v. Chr.) | Allen[7] (2690–2100 v. Chr.) |
| *f* | /f/ → [f] | /f/ → [f] | /f/ → [p’] | /f/ → [f] | /f/ → [f/p͡f]<br>(/p’/ → [p’]) | /f/ → [f] | /f/ → [f, p͡f] |
| *m* | /m/ → [m], ([n]) | /m/ → [m] | /m/ → [m] | /m/ → [m] | /m/ → [m]<br>(/ŋʷ/ → [ŋʷ]) | /m/ → [m] | /m/ → [m] |
| *n* | /n/ → [n, l] | /n/ → [n, l] | /n/ → [n]<br>/l/ → [l] | /n/ → [n]<br>/l/ → [l] | /n/ → [n]<br>(/ŋ/ → [ŋ])<br>(/ŋʷ/ → [ŋʷ]) | /n/ → ? | /n/ → [n, l] |
| *r* | /r/ → [r, l, j, ʔ], ∅[11] | /r/ → [r, l] | /ɟ/ → [ɟ]<br>/j/ → [j] | /ɹ/ → [ɹ]<br>/l/ → [l] | /l/ → [l] | /r₂/ → ?<br>/l/→ ? | /r/ → [ɾ, l], [ʔ]., ∅.[11] |

1 Vgl. Edel: *Altägyptische Grammatik*, Bd. 1, S. 48–66. Zur Datierung nach Edel vgl. ebd., S. 2.

2 Vgl. Takács: *Etymological dictionary*, Bd. 1, S. 272 f. Dort keine Angaben zur Datierung.

3 Vgl. Rössler: „Das Ägyptische als semitische Sprache“, S. 279–319. S. hierzu auch Takács: *Etymological dictionary*, Bd. 1, S. 334–337. Jedoch scheint Takács Rössler bezüglich der Graphoneme *š*, *ẖ*, *ʿ*, *j* und r, die hier anderslautend realisiert werden, offensichtlich missverstanden zu haben. Takács gibt an: /š/ → [x] und /ẖ/ → [ħ]. /š/ → [x] widerspricht jedoch Rösslers Annahme von /š/ als Palatal; stattdessen muss gelten: /š/ → [ç]. Bei /ẖ/ → [ħ] handelt es sich um den stimmlosen Vertreter der achten, velar-pharyngalen Trias. Daneben fehlt die zusätzliche Realisierung /ẖ/ → [x] als stimmloser Vertreter der siebten, velaren Trias. S. hierzu Rössler: „Das Ägyptische als semitische Sprache“, S. 295 f. und 303. *ʿ* stellt Rössler zufolge nicht nur [d], sondern auch eine „schwächere Lautgestalt“ bzw. ein „Epiphänomen“ von /l/ dar, vgl. ebd., S. 301 f. und 311. Zu *j* gibt Takács lediglich [j] an, s. aber die Definitionen bei ebd., S. 301. Zur Deutung von *r* s. die Definitionen bei ebd., S. 302 und 306. Zur Interpretation von *r* als [ʀ] und [ʔ] s. auch Buchberger: *Sargtextstudien*, Bd. 1, S. 218. Rössler selbst definiert nicht das Merkmal „emphatisch“, hier wird es als ejektiviert dargestellt, entsprechend der häufigen Interpretation innerhalb der neueren Komparatistik. Auch Rössler lässt die genaue Datierung des Altägyptischen offen.

4 Vgl. Loprieno: „Egyptian and Coptic phonology“, S. 436 f. Das phonologische Modell erfuhr teilweise Modifikationen in Loprieno/Müller: „Ancient Egyptian and Coptic“, S. 107. Die Darstellung hier wurde bei Diskrepanzen an das neuere System angeglichen.

5 Vgl. Kammerzell: „Sounds of a dead language“, S. 26 und 37.

6 Vgl. Peust: *Egyptian phonology*, S. 79–140. Zur Datierung nach Peust s. ebd., S. 27.

7 Vgl. Allen: *Egyptian language*, S. 37–56. Zur Datierung nach Allen vgl. ebd., S. 2 f.

| Graphonem | Traditionelle Komparatistik | | Neuere Komparatistik | | | | |
|---|---|---|---|---|---|---|---|
| | Edel[1] (2850–2190 v. Chr.) | Takács[2] (Altägyptisch) | Rössler[3] (Ägyptisch) | Loprieno[4] (ca. 2500 v. Chr.) | Kammerzell[5] (ca. 2200 v. Chr.) | Peust[6] (bis ca. 2000 v. Chr.) | Allen[7] (2690–2100 v. Chr.) |
| *r* (Fortsetzung) | | | /l/ → [l, ʀ]<br>/ʾ/ → [ʔ, ʔʲ] | | | | |
| *h* | /h/ → [h] | /h/ → [h] | /h/ → [h] | /h/ → [h] | /h/ → [h] | /h/ → [h]/[ḫ] | /h/ → [h] |
| *ḥ* | /ḥ/ → [ħ] | /ḥ/ → [ħ] | /ḥ/ → [x’] | /ħ/ → [ħ] | /x’/ → [x’/k͡x’]<br>/(/ħ/ → [ħ]) | /ħ/ → [ħ] | /ḥ/ → [ħ] |
| *ḫ* | /ḫ/ → [x] | /ḫ/ → [x] | /ġ/ → [ɣ] | /x/ → [x] | /ɣ/ → [ɣ/g͡ɣ]<br>(/j/ → [j/ɟ͡j]) | /$x_2$/ → ? | /ḫ/ → [x] |
| *ẖ* | /ẖ/ → [ç] | /ẖ/ → [ç] | /ẖ/ → [x, ħ] | /ç/ → [ç] | /x/ → [x/k͡x] | /$x_1$/ → ? | /ẖ/ → [ç] |
| *z* | /z/ → [z, s] | /z/ → [z] | /s/ → [s, ʃ] | /t͡s/ → [t͡s] | /s/ → [s]<br>(/t͡s/ → [t͡s])<br>(/s’/ → [s’/t͡s’])<br>(/z/ → [z/d͡z]) | /z/→ ? | /θ/ → [θ, s] |
| *s* | /s/ → [s, z] | /s/ → [s] | /ś/ → [ʃ] | /s/ → [s] | /ʃ/ → [ʃ/t͡ʃ] | /s/ → ? | /s/ → [s] |
| *š* | /š/ → [ʃ] | /š/ → [ʃ] | /š/ → [ç] | /ʃ/ → [ʃ] | /ç/ → [ç/c͡ç]<br>(/ç’/ → [ç’/c͡ç’]) | /$x_1$/ → ?<br>/ʃ/ → [ʃ] | /ẖ/ → [ç, ʃ] |
| *q* | /q/ → [q] | /q/ → [q]/([kˤ/k’]) | /ḳ/ → [k’] | /q/ → [q] | /k’/ → [k’] | /$k_1$ʷ/ → ? | /q/ → [q] |
| *k* | /k/ → [k, (c)][8] /[kʰ, (cʰ)][9] | /k/ → [k] | /k/ → [k] | /k/ → [kʰ] | /k/ → [k] | /k(ʰ)/ → ? | /k/ → [k, kʲ][8] /([kʰ, kʲʰ])[9] |
| *g* | /g/ → [g][8] /[k][9] | /g/ → [g] | /g/ → [g] | /g/ → [k’] | /g/ → [g]<br>(/ŋ/ → [ŋ])<br>(/gʷ/ → [gʷ]) | /$k_2$, $k_2$ʷ/ → ? | /g/ → [g][8] /([k])[9] |

| Graphonem | Traditionelle Komparatistik | | Neuere Komparatistik | | | | |
|---|---|---|---|---|---|---|---|
| | Edel[1] (2850–2190 v. Chr.) | Takács[2] (Altägyptisch) | Rössler[3] (Ägyptisch) | Loprieno[4] (ca. 2500 v. Chr.) | Kammerzell[5] (ca. 2200 v. Chr.) | Peust[6] (bis ca. 2000 v. Chr.) | Allen[7] (2690–2100 v. Chr.) |
| *t* | /t/ → [t][8] /[t$^h$][9] | /t/ → [t] | /t/ → [t] | /t/ → [t$^h$] | /t/ → [t] | /t$^h$/ → [t$^h$] | /t/ → [t$^h$][9] /([t])[10], ∅#[11] |
| *ṯ* | /ṯ/ → [c, (t)][8] /[c$^h$, (t$^h$)][9] | /ṯ/ → [c] | /č/ → [c] | /c/ → [c$^h$] | /c/ → [c] | /c$^h$/ → [c$^h$] /([t$^h$]) | /ṯ/ → [c$^h$, t$^h$][9] /([c, t]) |
| *d* | /d/ → [d][8] /[t][9] | /d/ → [d] | /ṭ/ → [t’] | /d/ → [t’] | /t’/ → [t’] (/s’/ → [s’/ t͡s’]) | /t/ → [t] | /d/ → [t][9] /([d]) |
| *ḏ* | /ḏ/ → [ɟ][8] /[c][9] | /ḏ/ → [ɟ] | /č̣/ → [c’] | /c’/ → [c’] | /c’/ → [c’] (/ç’/ → [ç’/ c͡ç’])[12] (/j/ → [j/ɟ͡j]) | /c/ → [c] /([t]) | /ḏ/ → [c][9] /([ɟ]) |

8 Unter Annahme einer Stimmbeteiligungskorrelation.

9 Unter Annahme einer Aspirationskorrelation.

10 Aus dem Kontext muss erschlossen werden, dass die angegebenen vermuteten Varianten *ṯ* → [c] und *ḏ* → [ɟ] nur bei gleichzeitigem Auftreten funktionieren. Der Annahme einer dialektalen Variante /ṯ/ → [c] unter Beibehaltung des maßgeblichen /ḏ/ → [c] fehlt die Evidenz, zum Beispiel in Gestalt von Zeichenverwechslungen von ṯ *und* ḏ oder einem später belegten (zumindest dialektalen) Zusammenfall beider Graphoneme. Gleiches gilt für die vermuteten Varianten /d/ → [d] und /t/ → [t] bei Anwendung auf das Alte Reich, da ein Zusammenfall von *d* und *t* vor dem Neuen Reich nicht belegt ist, jedoch bei Beibehaltung von /d/ → [t] auch früher zu erwarten wäre.

11 ∅ steht für „kein Laut", nicht zu verwechseln mit dem Vokal ø nach IPA. ⟨∅⟩ steht für die graphemische Auslassung eines Phonems. # meint eine vordere oder hintere Wortgrenze. „V" meint einen beliebigen Vokal, V́ einen beliebigen betonten Vokal. Ein Punkt „." steht für eine Silbengrenze.

12 Marginalere Deutungen wie sekundäre Ausspracheinterpretationen oder vermutete dialektale Varianten sind durch Setzung runder Klammern ausgewiesen; sich gegenseitig ausschließende Interpretationen sind jeweils durch einen Schrägstrich abgegrenzt. Allophonische Aussprachevarianten sind lediglich durch Kommata getrennt.

| Graphonem | Traditionelle Komparatistik | | Neuere Komparatistik | | | | |
|---|---|---|---|---|---|---|---|
| | Edel[1] (2850–2190 v. Chr.) | Takács[2] (Altägyptisch) | Rössler[3] (Ägyptisch) | Loprieno[4] (ca. 2500 v. Chr.) | Kammerzell[5] (ca. 2200 v. Chr.) | Peust[6] (bis ca. 2000 v. Chr.) | Allen[7] (2690–2100 v. Chr.) |
| Graphemkombinationen | | | | | | | |
| *ꜣn* | ⟨ꜣn⟩ → [l] | | /l/ → [l] | | | | ⟨ꜣn⟩ → [l] |
| *šẖ* | ⟨šẖ⟩ → [ç] | | | | | | |
| *pf* | | | | | /p'/ → [p'] | | |
| *nr* | ⟨nr⟩ → [l] | | /l/ → [l] | | | | ⟨nr⟩ → [l] |
| *ng, gn* | | | | | /ŋ/ → [ŋ] | | |
| *nb, nm* | | | | | /ŋʷ/ → [ŋʷ] | | |

Tabelle 2: Phonologische Inventare nordwestsemitischer Sprachen des 3. und 2. Jahrtausends v. Chr. sowie des Protosemitischen

| Artikulationsort und Phone | | Proto-Semitisch[1] (ca. 3740 v. Chr.) | Amoritisch[2] (2500–1200 v. Chr.) | Kanaano-Akkadisch[3] (15./14. Jh. v. Chr.) | Ugaritisch[4] (1300–1185 v. Chr.) | Alt-Hebräisch[5] (1000–586 v. Chr.) | Phönizisch[6] (ab ca.1000 v. Chr.) |
|---|---|---|---|---|---|---|---|
| Bilabial | [p] | *p → [p] | /p/ → [p] | /p/ → [p] | /p/ → [p] | /p/ → [p] | /p/ → [p] |
| | [b] | *b → [b] | /b/ → [b] | /b/ → [b] | /b/ → [b] | /b/ → [b] | /b/ → [b] |
| | [m] | *m → [m] | /m/ → [m] | /m/ → [m] | /m/ → [m] | /m/ → [m] | /m/ → [m] |
| Dental | [θ] | *ṯ → [θ] | /š/ → [θ] | /ṯ/ → [θ] | /ṯ/ → [θ] | /ṯ/ → [θ] | |
| | [θ’] | *ṯ̣ → [θ’] | | /ẓ/ → [θ’] | | | |
| | [ð] | *ḏ → [ð] | /ḏ/ → [ð] | /ḏ/ → [ð] | /ḏ/ → [ð] | /ḏ/ → [ð] | |
| | [ð’] | | | | /ẓ/ → [ð’] | /ẓ/ → [ð’] | |

1 Vgl. Huehnergard: „Afro-Asiatic“, S. 229 und Kogan: „Proto-Semitic“, S. 54 f. Kogans Liste enthält den offensichtlichen Fehler, dass alle Velare als Uvulare eingetragen sind. Daher ist es nicht sicher zu bestimmen, ob Kogan /ḳ/ als [q] oder [k’] interpretiert. Zur Datierung des Protosemitischen vgl. Kitchen/Ehret/Assefa/Mulligan: „Bayesian phylogenetic analysis“, S. 2703.

2 Vgl. Streck: *Das amurritische Onomastikon*, Bd. 1, S. 254–256 und Streck: „Amorite“, S. 452–454.

3 Vgl. Izre’el: *Canaano-Akkadian*, 7 f. Zur Datierung vgl. Tropper/Vita: *Kanaano-Akkadisch*, S. 19 f.

4 Vgl. Pardee: „Ugaritic“ (2008), S. 5–9 sowie Tropper: „Ugaritic grammar“, S. 95–97 und Gordon: „Ugaritic phonology“, S. 50–53.

5 Vgl. Edzard: „Biblical Hebrew“, S. 482 und Rendsburg: „Ancient Hebrew phonology“, S. 69–76. Rendsburg bezieht sich auf „Ancient Hebrew“, welches definiert wird als: „Standard Judahite literary Hebrew, i.e., the literary variety utilized in Judah ca. 1000–586 B.C.E“, berücksichtigt daneben jedoch auch weitere dialektale Varietäten des Althebräischen, vgl. ebd., S. 67. Bei Edzard: „Biblical Hebrew“, S. 482 beziehen wir uns auf die Lautwerte der *reconstructed* phonologischen Tiefenstruktur des Hebräischen.

6 Vgl. Hackett: „Phoenician and Punic“, S. 86 f. und Segert: „Phoenician and Punic phonology“, S. 56 und 59.

| Artikulationsort und Phone | | Proto-Semitisch[1] (ca. 3740 v. Chr.) | Amoritisch[2] (2500–1200 v. Chr.) | Kanaano-Akkadisch[3] (15./14. Jh. v. Chr.) | Ugaritisch[4] (1300–1185 v. Chr.) | Alt-Hebräisch[5] (1000–586 v. Chr.) | Phönizisch[6] (ab ca.1000 v. Chr.) |
|---|---|---|---|---|---|---|---|
| Dental Alveolar Postalveolar | [t] | *t → [t] | /t/ → [t] | /t/ → [t] | /t/ → [t] | /t/ → [t] | /t/ → [t] |
| | [t’] | *ṭ → [t’] | /ṭ/ → [t’] | /ṭ/ → [t’] | /ṭ/ → [t’] | /ṭ/ → [t’] | /ṭ/ → [t’] |
| | [ŧ] | | | | | /ṭ/ → [ŧ] | |
| | [d] | *d → [d] | /d/ → [d] | /d/ → [d] | /d/ → [d] | /d/ → [d] | /d/ → [d] |
| | [t͡s] | *s → [t͡s] | /s/ → [t͡s] | | /s/ → [t͡s] | | /s/ → [t͡s] |
| | [t͡s’] | *ṣ → [t͡s’] | /ṣ/ → [t͡s’] | | /ṣ/ → [t͡s’] | /ṣ/ → [t͡s’] | /ṣ/ → [t͡s’] |
| | [t͡s] | | | | | /ṣ/ → [t͡s] | |
| | [d͡z] | *z → [d͡z] | /z/ → [d͡z] | | /z/ → [d͡z] | | /z/ → [d͡z] |
| | [s] | *s → [s]<br>*š → [s] | /ś/ → [s] | /s/ → [s] | /s/ → [s] | /s/ → [s] | /š/ → [s] |
| | [s’] | *ṣ → [s’] | | /ṣ/ → [s’] | /ṣ/ → [s’] | /ṣ/ → [s’] | |
| | [s] | | | | | /ṣ/ → [s] | |
| | [z] | *z → [z] | | /z/ → [z] | /z/ → [z] | /z/ → [z] | |
| | [n] | *n → [n] | /n/ → [n] | /n/ → [n] | /n/ → [n] | /n/ → [n] | /n/ → [n] |
| | [r] | *r → [r] | /r/ → [r] | /r/ → [r] | /r/ → [r] | /r/ → [r] | /r/ → [r] |
| | [ɬ] | *ś → [ɬ] | | /ś/ → [ɬ] | | /ś/ → [ɬ] | |
| | [ɬ’] | *ṣ́ → [ɬ’] | | /ḍ/ → [ɬ’] | | /ḍ/ → [ɬ’] | |
| | [ɹ] | | | | | | /r/ → [ɹ] |
| | [l] | *l → [l] | /l/ → [l] | /l/ → [l] | /l/ → [l] | /l/ → [l] | /l/ → [l] |
| Postalveolar | [ʃ] | *š → [ʃ] | | /š/ → [ʃ] | /š/ → [ʃ] | /š/ → [ʃ] | |

| Artikulationsort und Phone | | Proto-Semitisch[1] (ca. 3740 v. Chr.) | Amoritisch[2] (2500–1200 v. Chr.) | Kanaano-Akkadisch[3] (15./14. Jh. v. Chr.) | Ugaritisch[4] (1300–1185 v. Chr.) | Alt-Hebräisch[5] (1000–586 v. Chr.) | Phönizisch[6] (ab ca.1000 v. Chr.) |
|---|---|---|---|---|---|---|---|
| Palatal | [j] | *y → [j] | /y/ → [j] | /y/ → [j] | /y/ → [j] | /y/ → [j] | /y/ → [j] |
| Velar | [k] | *k → [k] | /k/ → [k] | /k/ → [k] | /k/ → [k] | /k/ → [k] | k/ → [k] |
| | [k’] | *ḳ → [k’] | /q/ → [k’] | /q/ → [k’] | /q/ → [k’] | /q/ → [k’] | /q/ → [k’] |
| | [g] | *g → [g] | /g/ → [g] | /g/ → [g] | /g/ → [g] | /g/ → [g] | /g/ → [g] |
| | [x] | *ḫ → [x] | /ḫ/ → [x] | /ḫ/ → [x] | /ḫ/ → [x] | /ḫ/ → [x] | |
| | [ɣ] | *ɣ → [ɣ] | /ġ/ → [ɣ] | /ǵ/ → [ɣ] | /ǵ/ → [ɣ] | /ǵ/ → [ɣ] | |
| Uvular | [q] | | | | | /q/ → [q] | |
| | [ʀ] | | | | | /r/ → [ʀ] | |
| Pharyngal | [ħ] | *ḥ → [ħ] | /ḥ/ → [ħ] | /ḥ/ → [ħ] | /ḥ/ → [ħ] | /ḥ/ → [ħ] | /ḥ/ → [ħ] |
| | [ʕ] | *ʿ → [ʕ] | /ʿ/ → [ʕ] | /ʿ/ → [ʕ] | /ʿ/ → [ʕ] | /ʿ/ → [ʕ] | /ʿ/ → [ʕ] |
| Glottal | [ʔ] | *ʾ → [ʔ] | /ʾ/ → [ʔ] | /ʾ/ → [ʔ] | /ʾ/ → [ʔ] | /ʾ/ → [ʔ] | /ʾ/ → [ʔ] |
| | [h] | *h → [h] | /h/ → [h] | /h/ → [h] | /h/ → [h] | /h/ → [h] | /h/ → [h] |
| Labial-velar | [w] | *w → [w] | /w/ → [w] | /w/ → [w] | /w/ → [w] | /w/ → [w] | /w/ → [w] |

Tabelle 3: Phonologische Inventare nordwestsemitischer Sprachen des 3. und 2. Jahrtausends v. Chr. ausgehend von den protosemitischen Phonemreflexen

| Proto-semitisches Phonem | | Proto-Semitisch[1] (ca. 3740 v. Chr.) | Amoritisch[2] (2500–1200 v. Chr.) | Kanaano-Akkadisch[3] (15./14. Jh. v. Chr.) | Ugaritisch[4] (1300–1185 v. Chr.) | Alt-Hebräisch[7] (1000–586 v. Chr.) | Phönizisch[8] (ab ca.1000 v. Chr.) |
|---|---|---|---|---|---|---|---|
| Bilabial | *p | *p → [p] | /p/ → [p] | /p/ → [p] | /p/ → [p, (b)][5] | /p/ → [p] | /p/ → [p] |
| | *b | *b → [b] | /b/ → [b] | /b/ → [b] | /b/ → [b, (p)] | /b/ → [b] | /b/ → [b] |
| | *m | *m → [m] | /m/ → [m] | /m/ → [m] | /m/ → [m] | /m/ → [m] | /m/ → [m] |
| Dental | *ṯ | *ṯ → [θ] | /š/ → [θ] | /ṯ/ → [θ] | /ṯ/ → [θ] | /š/ → [ʃ] (/ṯ/ → [θ])[5] | /š/ → [s] |
| | *ṯ̣ | *ṯ̣ → [θ’] | /ṣ/ → [t͡s’] | /ẓ/ → [θ’] | /ẓ/ → [ð’] (/ǵ/ → [ɣ]) | /ṣ/ → [s’/s/(t͡s’/t͡s)] (/ẓ/ → [ð’]) | /ṣ/ → [t͡s’] |
| | *ḏ | *ḏ → [ð] | /ḏ/ → [ð] | /ḏ/ → [ð] | /d/ → [d] /ḏ/ → [ð] | /z/ → [z] (/ḏ/ → [ð]) | /z/ → [d͡z] |

1 Vgl. Huehnergard: „Afro-Asiatic“, S. 229 und Kogan: „Proto-Semitic“, S. 54 f. Kogans Liste enthält den offensichtlichen Fehler, dass alle Velare als Uvulare eingetragen sind. Daher ist es nicht sicher zu bestimmen, ob Kogan /ḳ/ als [q] oder [k’] interpretiert. Zur Datierung des Protosemitischen vgl. Kitchen/Ehret/Assefa/Mulligan: „Bayesian phylogenetic analysis“, S. 2703.

2 Vgl. Streck: *Das amurritische Onomastikon*, Bd. 1, S. 254–256 und Streck: „Amorite“, S. 452–454.

3 Vgl. Izre’el: *Canaano-Akkadian*, 7 f. Zur Datierung vgl. Tropper/Vita: *Kanaano-Akkadisch*, S. 19 f.

4 Vgl. Pardee: „Ugaritic“ (2008), S. 5–9 sowie Tropper: „Ugaritic grammar“, S. 95–97 und Gordon: „Ugaritic phonology“, S. 50–53.

5 Marginalere Deutungen wie sekundäre Ausspracheinterpretationen oder vermutete dialektale Varianten sind durch Setzung runder Klammern ausgewiesen; sich gegenseitig ausschließende Interpretationen sind jeweils durch einen Schrägstrich abgegrenzt. Allophonische Aussprachevarianten sind lediglich durch Kommata getrennt.

| Proto-semitisches Phonem | | Proto-Semitisch[1] (ca. 3740 v. Chr.) | Amoritisch[2] (2500–1200 v. Chr.) | Kanaano-Akkadisch[3] (15./14. Jh. v. Chr.) | Ugaritisch[4] (1300–1185 v. Chr.) | Alt-Hebräisch[7] (1000–586 v. Chr.) | Phönizisch[8] (ab ca.1000 v. Chr.) |
|---|---|---|---|---|---|---|---|
| Dental Alveolar / Postalveolar | *t | *t → [t] | /t/ → [t] | /t/ → [t] | /t/ → [t] | /t/ → [t] | /t/ → [t] |
| | *ṭ | *ṭ → [t’] | /ṭ/ → [t’] | /ṭ/ → [t’] | /ṭ/ → [t’] | /ṭ/ → [t’/ɫ] | /ṭ/ → [t’] |
| | *d | *d → [d] | /d/ → [d] | /d/ → [d] | /d/ → [d] | /d/ → [d] | /d/ → [d] |
| | *n | *n → [n] | /n/ → [n] | /n/ → [n] | /n/ → [n] | /n/ → [n] | /n/ → [n] |
| | *r | *r → [r] | /r/ → [r] | /r/ → [r] | /r/ → [r] | /r/ → [r/ʀ] | /r/ → [r/ɹ][5] |
| | *s | *s → [s/t͡s][5] | /s/ → [t͡s] | /s/ → [s] | /s/ → [s/t͡s] | /s/ → [s] | /s/ → [t͡s] |
| | *ṣ | *ṣ → [s’/t͡s’] | /ṣ/ → [t͡s’] | /ṣ/ → [s’] | /ṣ/ → [s’/ t͡s’] | /ṣ/ → [s’/s/(t͡s’/t͡s)] | /ṣ/ → [t͡s’] |
| | *z | *z → [z/d͡z] | /z/ → [d͡z] | /z/ → [z] | /z/ → [z/ d͡z] | /z/ → [z] | /z/ → [d͡z] |
| | *ś | *ś → [ɬ] | /ś/ → [s] | /ś/ → [ɬ] | /š/ → [ʃ/(ɬ)] | /ś/ → [ɬ]<br>(/s/ → [s]) | /š/ → [s] |
| | *ṣ́ | *ṣ́ → [ɬ’] | /ṣ/ → [t͡s’] | /ḍ/ → [ɬ’] | /ṣ/ → [s’/ t͡s’]<br>(/ẓ/ → [ð’]) | /ṣ/ → [s’/s/(t͡s’/t͡s)]<br>(/ḍ/ → [ɬ’]) | /ṣ/ → [t͡s’] |
| | *l | *l → [l] | /l/ → [l] | /l/ → [l] | /l/ → [l] | /l/ → [l] | /l/ → [l] |
| Post-alveolar | *š | *š → [ʃ]/[s][6] | /ś/ → [s] | /š/ → [ʃ] | /š/ → [ʃ/(ɬ)] | /š/ → [ʃ] | /š/ → [s] |
| Palatal | *y | *y → [j] | /y/ → [j] | /y/ → [j] | /y/ → [j] | /y/ → [j] | /y/ → [j] |
| Velar | *k | *k → [k] | /k/ → [k] | /k/ → [k] | /k/ → [k] | /k/ → [k] | k/ → [k] |
| | *ḳ | *ḳ → [k’] | /q/ → [k’] | /q/ → [k’] | /q/ → [k’] | /q/ → [k’/q] | /q/ → [k’] |
| | *g | *g → [g] | /g/ → [g] | /g/ → [g] | /g/ → [g] | /g/ → [g] | /g/ → [g] |
| | *ḫ | *ḫ → [x] | /ḫ/ → [x] | /ḫ/ → [x] | /ḫ/ → [x] | /ḫ/ → [x]<br>/ḥ/ → [ħ] | /ḥ/ → [ħ] |

6 Abhängig von der Annahme einer Affrizierung von *s.

| Proto-semitisches Phonem | | Proto-Semitisch[1] (ca. 3740 v. Chr.) | Amoritisch[2] (2500–1200 v. Chr.) | Kanaano-Akkadisch[3] (15./14. Jh. v. Chr.) | Ugaritisch[4] (1300–1185 v. Chr.) | Alt-Hebräisch[7] (1000–586 v. Chr.) | Phönizisch[8] (ab ca.1000 v. Chr.) |
|---|---|---|---|---|---|---|---|
| Velar | *ġ | *ɣ → [ɣ] | /ġ/ → [ɣ] | /ǵ/ → [ɣ] | /ǵ/ → [ɣ] | /ǵ/ → [ɣ]<br>/ʿ/ → [ʕ] | /ʿ/ → [ʕ] |
| Pharyngal | *ḥ | *ḥ → [ħ] | /ḥ/ → [ħ] | /ḥ/ → [ħ] | /ḥ/ → [ħ] | /ḥ/ → [ħ] | /ḥ/ → [ħ] |
| | *ʿ | *ʿ → [ʕ] | /ʿ/ → [ʕ] | /ʿ/ → [ʕ] | /ʿ/ → [ʕ] | /ʿ/ → [ʕ] | /ʿ/ → [ʕ] |
| Glottal | *ʾ | *ʾ → [ʔ] | /ʾ/ → [ʔ] | /ʾ/ → [ʔ] | /ʾ/ → [ʔ] | /ʾ/ → [ʔ] | /ʾ/ → [ʔ] |
| | *h | *h → [h] | /h/ → [h] | /h/ → [h] | /h/ → [h] | /h/ → [h] | /h/ → [h] |
| Labial-velar | *w | *w → [w] | /w/ → [w]<br>/y/ → [j] | /w/ → [w]<br>/y/ → [j] | /w/ → [w]<br>/y/ → [j] | /w/ → [w]<br>/y/ → [j] | /w/ → [w]<br>/y/ → [j] |

7 Vgl. Edzard: „Biblical Hebrew“, S. 482 und Rendsburg: „Ancient Hebrew phonology“, S. 69–76. Rendsburg bezieht sich auf „Ancient Hebrew“, welches definiert wird als: „Standard Judahite literary Hebrew, i.e., the literary variety utilized in Judah ca. 1000–586 B.C.E,“ berücksichtigt daneben jedoch auch weitere dialektale Varietäten des Althebräischen, vgl. ebd., S. 67. Bei Edzard: „Biblical Hebrew“, S. 482 beziehen wir uns auf die Lautwerte der „*reconstructed*“ phonologischen Tiefenstruktur des Hebräischen.

8 Vgl. Hackett: „Phoenician and Punic“, S. 86 f. und Segert: „Phoenician and Punic phonology“, S. 56 und 59.

## Tabelle 4: Ägyptisch-semitische Korrespondenzen

| Graphonem | Semitische Phoneme in hieroglyphischen Transkriptionen: Mittleres Reich | | Neues Reich (teils Dritte Zwischenzeit) | | | Ägyptische Lehnwörter im Althebräischen |
|---|---|---|---|---|---|---|
| | Rössler[1] | Hodge[2] | Hodge[2] | Hoch[3] | Allen[4] | Hodge[2] |
| *ꜣ* | /l/, /r/ | /r/, /l/ | | | | /y/, Ø[5] |
| *jꜣ* | | | | (/ʾl/) | (/ˀl/) | |
| *j* | /ʾ/ | /ʔ/ | /ʔ/ | /ʾ/ | /ˀ/ | /ʔ/, Ø |
| *y* | /y/ | /y/ | /y/ | /y/ | /y/ | |
| *ꜥ* | /ʿ/ | /ᶜ/ | /ᶜ/ | /ʿ/, (/ḥ/, /ǵ/, /ʾ/) | /ˁ/, (/ḥ/) | /ᶜ/, /ʔ/ |
| *w* | /w/ | /w/ | /w/ | /w/ | /w/ | /w/ |
| *b* | /b/ | /b/ | /b/ | /b/, (/m/, /p/) | /b/, (/m/, /p/) | /b/ |
| *p* | /p/, /b/ | /p/ | /p/ | /p/, (/b/) | /p/, (/b/) | /p/ |
| *f* | (/p/) | | _/p/_, /p/#[5] | (/p/) | (/p/) | /p/ |
| *m* | /m/ | /m/ | /m/ | /m/, (/b/) | /m/, (/b/) | /m/, /n/ |
| *n* | /n/ | /n/ | /n/ | /n/, (/l/) | /n/, (/l/) | /n/, /l/ |
| *nr* | | | /l/ | /l/, (/r/) | /l/, (/r/) | |

1 Vgl. Rössler: „Älteres Umschreibungssystem", S. 225.
2 Vgl. Hodge: „The role of Egyptian within Afroasiatic", S. 645 und 650 f.
3 Vgl. Hoch: *Semitic words in Egyptian texts*, S. 431–437.
4 Vgl. Allen: *Egyptian language*, S. 31–33.
5 Ø steht für die Auslassung eines Phonems. # meint eine vordere oder hintere Wortgrenze, die Kombination aus zwei Unterstrichen „_ _" eine Wortmitte. „V" steht für einen beliebigen Vokal, K für einen beliebigen Konsonanten.

| Graphonem | Semitische Phoneme in hieroglyphischen Transkriptionen | | | | | Ägyptische Lehnwörter im Althebräischen |
|---|---|---|---|---|---|---|
| | Mittleres Reich | | Neues Reich (teils Dritte Zwischenzeit) | | | |
| | Rössler[1] | Hodge[2] | Hodge[2] | Hoch[3] | Allen[4] | Hodge[2] |
| *r* | /d/ | /r/ | /r/, /l/ | /r/, /l/, (/n/, /d/) | /r/, /l/, (/n/, /d/) | /r/, /l/ |
| *h* | /h/ | /h/ | /h/ | /h/ | /h/ | /h/ |
| *ḥ* | /ḥ/ | /ḥ/ | /ḥ/ | /ḥ/, (/ḫ/) | /ḥ/, (/ḫ/) | /ḥ/ |
| *ḫ* | /ḫ/ | /x/ | /x/ | /ḫ/ | /ḫ/ | /ḥ/ |
| *ẖ* | | | | | | |
| *z* | | | _/θ, š/_, /ś/[5] | | | |
| *s* | /ṯ/, /ḏ/, /ś/ | /ś/, /s/ | /s/, /ś/, /θ/ | /ṯ/, /š/, (/ś/) | /θ/, /ś/ | /s/, /š/ |
| *š* | /š/ | /š/ | /š/, /θ/#[5] | /š/, (/ṯ/, /ś/) | /š/ | /š/ |
| *q* | /q/ | /q/ | /q/, /g/, #/ɣ/, /ɣ/#[1] | /q/, /g/, (/ǵ/, /k/) | /q/, /g/, (/ɣ/, /k/) | /q/, /g/ |
| *k* | /k/, /g/ | /k/, /g/ | /k/, /g/ | /k/, (/g/, /q/) | /k/, /g/, (/q/) | /k/ |
| *g* | /ġ/ | | _/g/_, /g/#, _/ɣ/_, #/q/, _/q/_[5] | /g/, /q/, (/ǵ/, /k/) | /q/, /g/, (/ɣ/, /k/) | /q/ |
| *t* | /t/, /d/ | /t/ | /t/, #/d/, _K/d/_, #/ṭ/, _K/ṭ/_[5] | /t/, (/d/, /ṭ/) | /t/, (/d/, /ṭ/) | /t/, /ʔ/ |
| *ṯ* | /s/, /z/ | /z/, /s/ | /s/, /t/, /ṣ/ | /s/, (/ḏ/, /ṯ̣/) | /s/, (/θ̣/) | /t/, /s/ |
| *d* | /ṭ/, /d/ | /d/ | _V/d/_, /d/#, _V/ṭ/[_],[6] _K/ṭ/_[5] | /d/, /ṭ/, (/t/) | /d/, /ṭ/, (/t/) | /ṭ/ |
| *ḏ* | /ẓ/, /ḍ/, /ṣ/, /z/ | /ṣ/ | /ṣ/, /z/ | /ṣ/, /z/, (/ḏ̣/,[7] /ḏ/, /ṭ/, /ṯ̣/) | /ṣ/, /z/, (/ṣ́/, /ð/) | /ṣ/, /ṭ/, /z/ |

6 Die Markierung der Wortinnenmitte wurde bei Hodge hier offensichtlich vergessen.
7 /ḏ̣/ meint einen Phonemreflex von protosemitischem *ṣ́.

## Tabelle 5: Konkordanz ägyptischer Graphoneme und semitischer Phoneme nach Steiner

| Graphonem | Semitische Phoneme<br>einschließlich *matres lectionis* |
|---|---|
| *ꜣ* | /r/ |
| *j* | /ʾ/, /y/ |
| *j*#[1] | /ī/, /ē/ |
| *ʿ* | /ʿ/ |
| *W* | /w/ |
| _w_ [1] | /ū/, Ø[1] |
| *w*#[1] | /ō/, /ū/ |
| *b* | /b/ |
| *p* | /p/ |
| *f* | /p/ |
| *m* | /m/ |
| *n* | /n/ |
| *r* | /r/ |
| *h* | /h/ |
| *ḥ* | /ḥ/ |
| *z* | /s/ |
| *s* | /ṯ̣/ |
| *š* | /ṣ́/, /ṯ/ |
| *k* | /ḳ/ |
| *t* | /d/, /t/, /ṭ/ |
| *ṯ* | /d/, /t/, /ṭ/ |

1 # steht für eine vordere oder hintere Wortgrenze, die Kombination aus zwei Unterstrichen „_ _" für eine Wortmitte; ⟨Ø⟩ (in der linken Spalte) meint die Auslassung eines Phonems in der Schreibung; Ø (in der rechten Spalte) steht für „in Lesung übergangen".

| Graphonemkombinationen und -auslassungen[1] | |
|---|---|
| Graphonem(e) | Semitische Phoneme einschließlich *matres lectionis* |
| *nw#* | /nō/, /nū/ |
| *šw#* | /ṣ́ū/, /ṯō/ |
| *tj#* | /dī/, /tē/, /tī/, /ṭē/ |
| *t*Ø# | /ṭē/ |
| *ṯtj#*, *ṯj#* | /tī/ |
| *ṯt* | /t/ |
| _Ø_ | /ʾ/, /ī/, /ō/ |
| Ø | /aw/ oder /ō/ |
| Ø# | /ʾ/, /ā/, /ē/ |
| Ø# | /ūʾu/ |